ココミル✚
cocomiru

高尾山　秩父　長瀞

すてきな思い出
作りましょ♪

JN110707

数種類の芝桜が咲く羊山公園 芝桜の丘（P18）

山々に囲まれた盆地・秩父には
趣のあるスポットがいっぱい

ふわふわのパンケーキはMAPLE BASE（P33）／昭和レトロなパリー食堂（P21）／秩父連山を背にSLパレオエクスプレス（P49）

船頭さんのガイドも楽しみ　長瀞ラインくだり(P40)

右・下：ご当地キャラの「ポテくまくん」グッズはしばさん商店で(P34)

毘沙門水で作る天然氷は観音茶屋(P55)

川の浸食でできたカエル岩(P40)

ノスタルジックな雰囲気の貯古齢糖(P29)

雄大な渓谷美を楽しむ
長瀞ラインくだり

秩父産ワインの兎田ワイナリー（P26）／長瀞の自然を満喫養浩亭（P75）／秩父ミューズパークのスイセン広場（P60）

上：樹齢1000年以上といわれる秩父今宮神社の御神木(P20)／右：水占みくじ 秩父神社(P20)

夜空を彩る花火と屋台の競演 秩父夜祭(P30)

上：ご神木の「氣」を封印したお守り(P58)／右：神様の使いのオオカミ(P52)／下：極彩色の彫刻が美しい三峯神社(P52)

御利益をいただきに
関東屈指のパワースポットへ

左：参拝途中でコーヒーを 三峯神社 小教院(P53)／下：彫刻が見事な寳登山神社(P46)

宝登山ロープウェイで奥宮へ(P47)

上：高尾599ミュージアム（P100）
左：美術館内のカフェパンケーキを（P101）

自然の中で深呼吸
高尾山でプチハイキング

森林浴で気分爽快 高尾山（P86〜）

上：山麓と稜線を結ぶケーブルカー／左：ミニタオルハンカチは売店やまゆりで（P97）

地元のブルワリーでつくる高尾ビールはみやげショップなどで（P97）

山頂にある大見晴亭のとろろそば（P95）

右：カナディアンカヌーで宮沢湖を遊覧（P79）／下：湖畔にあるシンボルベンチ（P79）

湖畔で過ごす北欧時間
メッツァビレッジ

店内は北欧家具で統一されたLAGOM（P79）

秩父・長瀞・高尾山ってどんなところ?

山々に囲まれたロケーション
パワースポットも点在しています

四方を秩父山地に囲まれた、風光明媚な秩父盆地が町の中心。市街地へは、西武鉄道や秩父鉄道を利用すれば、都心からのアクセスもしやすく、豊かな自然を身近に感じられる観光地として人気。一方、高尾山も京王電鉄で新宿から1時間弱の好立地。一年を通して多くのハイカーが訪れる。

秩父神社は創建2100年以上の秩父地方の総鎮守

宝登山一帯ではロウバイや桜などが咲き揃う

おすすめのシーズンはいつ?

ロウバイ、芝桜、アジサイの花々、
景勝地を彩る紅葉の時期もおすすめ

秩父では羊山公園 (☞P18) の芝桜が開花する4月中旬〜5月上旬がベストシーズン。美の山公園、秩父ミューズパークの公園では、春〜初夏に多彩な花が咲く。長瀞渓谷の紅葉も見応えあり。高尾山では約20種のすみれが自生するほか、春〜秋にかけて可憐な花々が開花する。

秩父・長瀞・高尾山へ
旅するまえに
知っておきたいこと

都心から気軽にアクセスできる秩父・長瀞・高尾山。
現地でやりたいこと、できることを事前にチェックして、
週末、ふらっとおでかけしてみませんか?

初めての秩父で、はずせないのは?

秩父三社、岩畳、温泉、レトロな町歩きもぜひ

由緒ある寺社が点在する秩父。秩父神社、寶登山神社、三峯神社の「秩父三社」はおさえておきたい。長瀞きっての景勝地・岩畳、眺望抜群の公園、山あいの日帰り温泉などは、車を利用した計画を立てよう。秩父駅から西武秩父駅のエリアには、レトロな面影を残すカフェやショップなどもあり、のんびり町歩きも楽しめる。

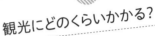
荒川沿いに形成された岩畳ではジオを体感できる

MAPLE BASEなどのカフェでゆったり過ごしたい

観光にどのくらいかかる?

主要な観光スポットなら1日、エリアまたぎなら2日は必要

秩父地域を大きく分けると、2路線が乗り入れる秩父市街地エリア、景勝地が点在する長瀞エリア、山々に囲まれた奥秩父エリアに分かれる。それぞれのエリアのみを観光するなら1日、エリアをまたぐなら2日でのんびり回るのがおすすめ。長瀞〜秩父〜三峰口は秩父鉄道で移動できるが、より効率よく回るなら車を利用したい。

秩父+もう1日観光するなら?

話題のグランピングやテーマパークはいかが

電車では移動できないが、車なら比較的アクセスしやすいのが、北欧をテーマにしたメッツァだ。敷地内にあるムーミンバレーパークでは、ムーミンの物語の世界に浸れる。話題のグランピングを楽しみたいなら、飯能市のNolla naguriへ。ちなみに、高尾山方面へは秩父とはルートが異なるため、プランニングは別の日程で考えたい。

異国情緒あふれるムーミンバレーパークは人気の映えスポット

9:00 長瀞駅　出発ー!

旅の始まりは長瀞駅から。周辺散策は駅前にあるレンタサイクル（☞P43）がおすすめ。

秩父三社の一つ、寶登山神社（☞P46）へ。余裕があればロープウェイで山頂へ行こう。

参道沿いのギャラリー喫茶やました（☞P45）では、オリジナルスイーツを味わう。

11:00 名勝へ

太古のロマンを感じる岩畳（☞P42）は、長瀞きっての観光スポット。

13:00 秩父駅

岩畳を出発する秩父鉄道長瀞ラインくだり（☞P40）で、舟上からの絶景を楽しもう。

秩父鉄道で秩父駅へ移動。駅ナカにはリニューアルしたじばさん商店（☞P21）もある。

秩父駅周辺にあるそばの杜（☞P24）では、そばや豚みそ丼をセットで味わえる。

14:00 秩父の中心

「北辰の梟」など本殿にさまざまな彫刻が施された秩父神社（☞P20）。

おつかれさま!

秩父三十四ヶ所の観音霊場の一つ、少林寺（☞P57）で御朱印をうけよう。

ちょっとひと息

昭和の面影を残すパーラーコイズミ（☞P33）の、自家製プリンアラモードが人気。

駅に併設された西武秩父駅前温泉 祭の湯（☞P68）で、のんびり入浴♪

18:00 みやげ選び

ちちぶみやげ市（☞P29）で、秩父の特産品やユニークみやげをゲット!

日帰りで楽しむ
とっておきの秩父・高尾山の旅

秩父・高尾山は、日帰りでも十分に人気スポットを巡れるエリア。
温泉に浸かってゆっくり休みたい人は宿泊するプランもおすすめ。
秩父・高尾山の魅力を1日でぎゅっと詰め込んだコースはこちらです。

日帰り/高尾山

9:00 高尾山口駅 出発ー!

新宿駅から1時間弱で到着。まずは高尾山口駅からすぐのミュージアムを目指そう。

高尾山の豊かな自然を紹介する高尾599ミュージアム（☞P100）。

ケーブルカー
10:30 清滝駅

ハイキングのスタートは、清滝駅から急勾配のケーブルカー（☞P89）に乗車。

小腹を満たして

高尾山駅に到着したら、ハイカーで賑わう高尾山スミカ（☞P91）に立ち寄る。

霞台（☞P89）の展望台からは遠く新宿までも見渡せる。夜景スポットとしても有名。

推定樹齢約450年のたこ杉（☞P91）は、盤根の形がタコにそっくりな杉の巨木。

11:30 高尾山薬王院

「霊気満山」の額を掲げた浄心門（☞P91）をくぐると、高尾山薬王院の聖域へ。

高尾山中腹に位置する高尾山薬王院（☞P92）の境内には、天狗の像が点在。

おつかれさま!

12:30 大見晴亭

高尾山薬王院からは徒歩20分で高尾山山頂（☞P90）へ。絶景に感動。

大見晴園地の一角に立つ大見晴亭（☞P95）では、名物のとろろそばを堪能。

高尾山の表参道にある手焼きせんべいくし田（☞P97）でみやげを。

16:00 温泉で汗を流す

ハイキング後は高尾山口駅直結の京王高尾山温泉/極楽湯（☞P103）で締めくくろう。

せっかく遠くへ来たんですもの

宿泊するならこんな宿はいかがですか?

秩父の旅を楽しんだ人は

奥秩父エリアには野趣あふれる露天風呂を備えた宿泊施設が点在。1泊して、2日目にムーミンバレーパーク（☞P80）へ行くのも楽しい。

高尾山を楽しみたい人は

高尾山ハイキングでは、午前中早めの時間の入山がベスト。タカオネ（☞P102）やMt.TAKAO BASE CAMP（☞P103）に前乗り宿泊するのもおすすめ。

ココミル✛
cocomiru

秩父 高尾山 長瀞

旅のプロローグ
秩父は趣のあるスポットがいっぱいのエリアです …2
秩父・高尾山へ旅するまえに知っておきたいこと …6
日帰りで楽しむとっておきの秩父・高尾山の旅 …8
秩父・高尾山ってこんなところ …12

寺社巡りに町歩き、自然探訪、アクティビティで
秩父の魅力をたっぷりと堪能しましょう …14
秩父駅周辺・羊山 …16
羊山公園の映えスポットへ …18
のんびりレトロな町歩き …20
趣のあるリノベーションカフェ …22
バラエティに富んだ豚肉料理 …24
メイドイン秩父の醸造、発酵スポット …26
秩父グルメとみやげ …28
ココにも行きたい！秩父のおすすめスポット …32
秩父三部作、アニメ聖地めぐり …36

ふむふむコラム
勇壮な秩父夜祭について知りたい …30
イチローズモルトを徹底解剖 …35

長瀞 …38
長瀞ラインくだり＆ラフティング …40
ジオパーク秩父の岩畳をめぐり …42
ふわっふわの天然かき氷 …44
秩父三社の一つ、寶登山神社へ …46
ココにも行きたい！長瀞のおすすめスポット …48
SLパレオエクスプレスで出発 …49

Contents

●表紙写真
秩父夜祭の屋台（P30）、四季の桜の天狗ぬいぐるみ
（P97）、羊山公園の芝桜（P18）、MAPLE BASEのサ
イダー（P16）、阿左美冷蔵 金崎本店のかき氷（P44）、
和銅遺跡のモニュメント（P32）、秩父鉄道長瀞ラインく
だり（P40）、寶登山神社本殿の彫刻（P46）、SLパレ
オエクスプレス（P49）、高尾山の大見晴園地（P88）

三峰・小鹿野 …50
🏯 パワースポットの三峯神社へ …52
📍 ココにも行きたい！
　三峰・小鹿野のおすすめスポット …54
🏠 ご利益スポットでお守りを授かる …58

ふむふむコラム
秩父三十四ヶ所の観音霊場へ …56

見たいモノ、やりたいコト…
気分に任せて行き先を決めましょう …59
📷 秩父の絶景スポット …60
📷 橋立鍾乳洞 …62
♪♪ 大迫力のアクティビティ体験 …64
♪♪ 期間限定のフルーツ狩り体験 …66
♨ エンタメ系の入浴施設 …68
♨ 絶景自慢の日帰り湯 …70
🏠 露天風呂付き客室のある上質な宿 …72
🏠 露天風呂自慢の宿 …74
🏠 グランピング＆キャンプSTAY …76
♪♪ 2つのエリアに分かれたメッツァ …78
♪♪ ムーミンバレーパーク …80
🍴 かわいい＆おいしいメニューたち …82
🛍 北欧雑貨＆キャラクターアイテム …84

ふむふむコラム
ジオパーク秩父めぐり …63

都心からほど近い緑のオアシス、高尾山
山頂まで見どころがいっぱいです …85

高尾山 …86
📷 高尾山の絶景スポット …88
📷 高尾山ハイキングの王道コース …90
🏯 天狗が棲む高尾山薬王院へ …92
🍴 高尾山名物とろろそば …94
🛍 高尾山の参道でグルメ＆みやげ探し …96
☕ 極上のカフェタイム …98
📷 自然に溶け込むミュージアム …100
🏠 ステイ＆温泉も充実 …102

etc 秩父・高尾山の
　知っておきたいエトセトラ …104
ℹ 交通ガイド …106

INDEX …110

〈マーク〉
📷🌳🏯 観光みどころ・寺社
♪♪ プレイスポット
🍴🍽 レストラン・食事処
🍷 居酒屋・BAR
☕ カフェ・喫茶
🛍 みやげ店・ショップ
🏠 宿泊施設
♨ 立ち寄り湯

〈DATAマーク〉
☎ 電話番号
🏠 住所
¥ 料金
🕐 開館・営業時間
休 休み
🚃 交通
Ｐ 駐車場
室 室数
MAP 地図位置

秩父・長瀞・高尾山ってこんなところ

エリアごとに魅力いっぱいの秩父・長瀞・高尾山。
プランを立てて効率よく回りましょう。

観光の見どころは秩父3エリア＋高尾山

西武秩父駅と秩父駅から徒歩圏内の秩父駅周辺・羊山は、レトロな町並みが広がる人気エリア。秩父駅の北部に位置する長瀞は川遊びが楽しめる景勝地。三峰・小鹿野は手付かずの自然が残る風光明媚なエリアで奥秩父ともよばれている。高尾山は都心からも近い人気のネイチャースポット。どのエリアもアクセスしやすく休日には観光客で賑わう。

観光の前に情報集め

西武秩父駅、長瀞駅、高尾山口駅の近くに観光案内所がある。個性的な道の駅も点在し、見どころの案内や宿泊施設の情報なども提供してくれる。

問合せ 秩父観光情報館 ☎0494-21-2277
問合せ 長瀞町観光案内所 ☎0494-66-0307
問合せ 高尾山口観光案内所(むささびハウス) ☎042-673-3461

西武鉄道 特急車両「Laview」

秩父駅周辺・羊山 ①
ちちぶえきしゅうへん・ひつじやま

・・・P16

秩父神社を中心に多くの寺社が点在。レトロなカフェやショップも多く、西武秩父駅、秩父駅を起点に町歩きを楽しめる。

▶秩父ミューズパークでは秋にイチョウ並木が見られる

▲MAPLE BASEのパンケーキはメープルシロップをかけて味わおう ▶4月下旬～5月上旬に開花する羊山公園の芝桜

三峰・小鹿野 ③
みつみね・おがの

・・・P50

秩父鉄道三峰口駅を起点にパワースポットの三峯神社へ。歴史のある小鹿野エリアとともに風光明媚なロケーションが広がる。

▲霊験あらたかな三峯神社は、関東屈指のパワースポット

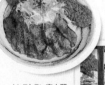

▲レストラン東大門ではメガ盛りのちめメガ丼が名物 ▶奥秩父エリアには山並みを望む露天風呂が自慢の宿が点在

❶ 長瀞きっての景勝地で多くの観光客が訪れる岩畳 ❷ 迫力満点のラフティングは長瀞でも人気のアクティビティ

▶天然氷を使ったかき氷は長瀞を代表するスイーツ

ながとろ
長瀞　❷

···P38

長瀞駅周辺に主要な観光スポットが点在。川くだりやラフティングなどレジャーが充実。天然のかき氷は長瀞の名物グルメ。

▲秩父三社の一つ、寶登山神社に掛かる華やかな扁額

たかおさん
高尾山　❹

···P86

都心から電車で60分ほどのサンクチュアリで、お手軽なハイキングを楽しめる。四季折々の景色を楽しみながら小旅行に出かけよう。

▶高尾山スミカでは天狗屋のチーズタルト（左）や高尾山天狗焼（右）を味わえる

▼天狗様で知られる高尾山薬王院

▼秋には高尾山のいたるところで紅葉が見られる

見頃を迎えた羊山公園・芝桜の丘 (P18)

極彩色の彫刻が見事な秩父神社 (P20)

観音霊場の一つ、定林寺の天井画 (P57)

吉田地区周辺にはワイナリーが点在 (P26)

世界が認めたイチローズモルトの蒸溜所 (P35)

景色に溶け込むSLパレオエクスプレス (P49)

自然美に圧倒される長瀞の岩畳 (P42)

関東屈指のパワースポット、三峯神社 (P52)

日本最古の貨幣「和同開珎」ゆかりの地（P32）

三峯神社に祀られている"お犬さま"（P52）

寺社巡りに町歩き、自然探訪、アクティビティで秩父の魅力をたっぷりと堪能しましょう

由緒ある寺社やレトロなカフェが点在する秩父神社周辺。少し足をのばせば、パワースポットの三峯神社やダイナミックな川遊びができる長瀞にもアクセスできます。ワインやウイスキーなど「メイドイン秩父グルメ」もお楽しみ。

これしよう！

MAPLE BASE (☞P33)
のサイダーをみやげに

秩父に自生する木「キハダ」を使った森のサイダーとメープルサイダー。

これしよう！

秩父神社 (☞P20) の
水占みくじって？

恋愛みくじとしても知られ、境内の小川に紙をひたすと文字が浮かぶ。

パーラーコイズミ
のレトロな喫茶メニュー(☞P33)

これしよう！

秩父観光は
ここからスタート！

アニメ (☞P36) の舞台にもなった秩父神社 (☞P20) の一の鳥居。

駅前ではかわいい・おいしいみやげを探そう(☞P28)

寺社が点在する秩父さんぽの王道エリアへ

秩父駅周辺・羊山

ちちぶえきしゅうへん・ひつじやま

こんなところ

西武鉄道と秩父鉄道が乗り入れる秩父の玄関口。芝桜で有名な羊山公園へは、西武秩父駅または、秩父鉄道の御花畑駅が最寄り駅となり、開花期には大勢の花見客が訪れる。駅周辺には由緒ある寺社が点在し、秩父札所めぐりや御朱印集めの散策も楽しめる。昭和レトロな風情のカフェにも立ち寄りたい。

a c c e s s

●池袋駅から
西武鉄道特急で西武秩父駅まで約1時間20分

●熊谷駅から
秩父鉄道で秩父駅まで約2時間

問合せ
☎0494-25-5209
秩父市観光課
☎0494-21-2277
秩父観光協会
広域MAP 付録P5B3

～秩父駅周辺おさんぽマップ～

観光のヒント
比較的平坦で歩きやすいエリアでみどころやカフェが点在

秩父鉄道と西武鉄道の2つの駅と、羊山公園を結ぶエリアは、半日さんぽにちょうどいい距離感。レトロな町並みや寺社をめぐろう。

秩父神社の極彩色の彫刻にほれぼれ
社殿に施された彫刻、鎖で繋がれた「つなぎの龍」に注目。

レトロな看板が目印
昭和風の喫茶店
秩父の番場商店街にたたずむパーラーコイズミ。

自転車で回るなら西武秩父駅前のココで
秩父観光情報館（☞P34）では自転車をレンタルできる。

1 秩父神社（☞P20）

3 パーラーコイズミ（☞P33）

2 少林寺（☞P57）

5 ちちぶ銘仙館（☞P21）

4 羊山公園（☞P18）

6 西武秩父駅前温泉 祭の湯（☞P68）

0　　　　　200m

おすすめコースは

3時間

まずは秩父鉄道秩父駅から秩父神社へ。秩父鉄道の線路沿いから御花畑駅を目指すと、見晴らしのよい羊山公園に着く。園内散策の後は、日帰り入浴施設を隣接した西武鉄道西武秩父駅へ向かおう。

スタート	1	2	3	4	5	6	ゴール
	見る	見る	カフェ	見る	遊ぶ	温泉	
秩父鉄道秩父駅	▶ 秩父神社	▶ 少林寺	▶ パーラーコイズミ	▶ 羊山公園	▶ ちちぶ銘仙館	▶ 西武秩父駅前温泉 祭の湯	▶ 西武鉄道西武秩父駅
	徒歩3分	徒歩3分	徒歩3分	徒歩20分	徒歩5分	徒歩3分	徒歩すぐ

ハート型の芝桜がロマンチックな
羊山公園の映えスポットへ

羊山丘陵の起伏に富んだ大地を埋め尽くす、色鮮やかな芝桜。
春の訪れに胸をはずませ、ピンク色の大地を散策しましょう。

秩父の春の風物詩ともいえる一面の芝桜

ひつじやまこうえん・しばざくらのおか
羊山公園・芝桜の丘
大地を覆い尽くすピンクの絨毯

秩父市街を一望できる丘陵地にある羊山公園。
約1万7600㎡の「芝桜の丘」に、10品種40
万株以上の芝桜が植栽され、4月中旬〜5月
上旬の開花期には赤やピンクの芝桜が一面
に咲き誇る。さまざまな色の芝桜を植えること
で現れるパッチワークのような模様がみごと。

☎0494-25-5209(秩父市観光課) 住秩父市大宮
6360 ¥芝桜の開花期のみ入園300円 時8〜17時
(芝桜の丘有料期間以外は散策自由) 休無休 交西武
鉄道西武秩父駅から徒歩20分 P300台(芝桜開花期
のみ1日500円) MAP付録P5B3

◀◀アクセスアドバイス▶▶
4月下旬〜5月上旬の休日は園内交通規
制のため、市内各所に臨時駐車場が設け
られる。混雑のため鉄道と徒歩での移動
がおすすめ。

❶芝桜が咲き揃うとハート形などの模様
が現れる ❷散策路を歩きながらのんび
り観賞しよう

芝桜の丘には 10品種の芝桜が 咲きます

芝桜の丘にはスカーレットフレーム、オータムローズなど10品種の芝桜が植栽されている。芝桜の模様は「秩父夜祭」の屋台に乗る囃し手の裃神模様、躍動感などをイメージしてデザインされたもので、高台から眺める景色は圧巻！

📷 園内の立ち寄りスポット

見晴らしの丘

芝桜も夜景も美しい

標高280mの高台からは秩父市街と奥秩父の山々を一望できる展望スポット。

ふれあい牧場

かわいい羊たちがのんびり

古くは綿羊を扱う埼玉県種畜場秩父分場があった名残で、今も羊を飼育している。

やまとーあーとみゅーじあむ

棟方志功の作品を鑑賞

版画家・棟方志功の作品は質・量ともに日本有数。☎0494-22-8822 ¥入館700円 MAP 付録P5C3

🛍 芝桜みやげを手に入れよう！

ちちぶあん たまきや
秩父庵 玉木家

地域に根付いた和洋菓子

「秩父の風土の恵みを大切に」をコンセプトに、地元の素材にこだわった菓子を販売している。和風スイートポテトのちちぶぽてとは、味のバリエーションが豊富。
☎0494-22-0810 住秩父市番場町9-5 ⏰9～19時 休不定休 交秩父鉄道秩父駅から徒歩5分 P4台 MAP 付録P5B2

芝桜ろーる 140円
芝桜をイメージした淡いピンク色の生地と、さつまいもペーストとの相性が抜群

桃萌 (ももえ)
720ml 1100円
珍しい「赤梅」と米で作った梅酒。スモモのような香りが口いっぱいに広がるさわやかな味わい

純米酒・秩父しばざくら
720ml 1430円
芝桜のラベルが目印の純米酒。焼酎タイプリキュールタイプも4～5月に限定発売される

ぶこうしゅぞう
武甲酒造

秩父の銘酒を造り続ける

創業270年以上の歴史ある蔵元。武甲山の伏流水を使用した日本酒や秩父のぶどうで作ったワインなどいろいろな酒が揃う。事前に予約をすれば酒蔵見学も可能だ。
☎0494-22-0046 住秩父市宮側町21-27 ⏰8時～17時30分 (蔵見学は～16時30分、事前に要予約) 休無休 交秩父鉄道秩父駅から徒歩3分 P20台 MAP 付録P5B2

🍵 花見の帰りに立ち寄るなら

らぱんのわーるくろうさぎ
ラパンノワールくろうさぎ

自然の恵みを生かしたパン

レーズンや小麦を介して育てた自家培養天然酵母をはじめ、国産小麦やオーガニックのドライフルーツなど、こだわりの素材を使い、約60種類ものパンを製造販売している。
☎0494-25-7373 住秩父市野坂町1-18-12 ⏰10～17時 休火・金曜、ほか夏期休業あり 交西武鉄道西武秩父駅から徒歩4分 P6台 MAP 付録P5B3

◀カフェテリアでは購入したパンやケーキとセルフのドリンク (有料) を味わえる

▶天然酵母の深い味わいを生かしたバラエティ豊かなパン。通信販売も行なっている

由緒ある秩父神社から出発♪
のんびりレトロな町歩き

秩父神社周辺には古い建物を利用したレトロなカフェやショップが点在します。
時を紡ぐ伝統工芸や雑貨にも触れ、気の向くままにお散歩しましょう。

のんびり歩いて
約1時間

1.秩父を見守り続ける総鎮守 2.境内を流れる小川では水占いができる 3.体は正面、頭は正反対を向いて祭神を守る「北辰の梟」 4.スプーンなど手作りの工芸品がずらり 5.御神木の根本付近にハートの洞が見つかると恋愛が成就するそう

ちちぶじんじゃ
秩父神社 ❶❷❸

徳川家康ゆかりの
由緒ある神社

創建2100年以上の秩父地方の総鎮守。徳川家康公が再建した本殿、拝殿には極彩色の彫刻が見られる。毎年12月に開催される秩父夜祭は、秩父神社の例大祭だ。

☎0494-22-0262 住秩父市番場町1-3 ¥拝観無料 ◷6～20時（変動あり）休無休 交秩父鉄道秩父駅から徒歩3分 P30台 MAP付録P5B2

約2分

つぐみこうげいしゃひゃっかてんひぐらしすとあ
ツグミ工芸舎百果店
ひぐらしストア ❹

手に馴染む
日常を彩る工芸品

築90年越えの長屋の一軒を利用し、木工芸品や衣類など、全国各地の作家の作品を展示販売している。

☎なし 住秩父市番場町11-13 ◷営業日時、休みはFacebookで要確認 交秩父鉄道秩父駅から徒歩4分 Pなし MAP付録P5B2

約6分

ちちぶいまみやじんじゃ
（はちだいりゅうおうぐう）
秩父今宮神社
（八大龍王宮） ❺

龍神様が住む御神木は
縁結びにご利益あり

推定樹齢1000年以上という御神木「龍神木（駒つなぎケヤキ）」は、龍神様の住処といわれている。

☎0494-22-3386 住秩父市中町16-10 ¥拝観無料 ◷9～17時 休無休 交秩父鉄道御花畑駅から徒歩6分 P10台 MAP付録P5A2

秩父駅を出て歩きましょ

秩父駅でリニューアルした
じばさん商店へ
旧秩父地場産センター物産館が新たな秩父みやげ、農作物、フードコートなどを備えてリニューアル。
☎0494-24-6966 **MAP** 付録P5B2

⑥

⑦

⑧

宮ノ側局 駅入口
秩父駅
START
秩父神社
秩父ふるさと館
・秩父まつり会館
本町
ツグミ工芸舎百果店 ひぐらしストア
卍少林寺（札所十五番）
秩父今宮神社（八大龍王宮）
マイルストーン
秩父鉄道
パリー食堂
地方庁舎付
慈眼寺（札所十三番）卍
御花畑駅
秩父市歴史文化伝承館
秩父市役所◎
・秩父宮記念市民会館
GOAL
西武秩父駅
秩父観光情報館
ちちぶ銘仙館
秩葉神社

6.サラダや果物がたっぷり添えられたハリー食堂のオムライス800円 7.スイートチョコレートを巻き込んだ「チョコ」230円 8.コースターなどの手織りができる「秩父織物」を体験しよう

ぱりーしょくどう
パリー食堂 ⑥

▶ **昭和レトロな空間で
ゆったり過ごそう**

昭和2年（1927）築の建物は国の登録有形文化財に登録されており、店内もレトロな雰囲気でいっぱい。昔ながらのメニューでオムライスやカレー、丼物などが味わえる。
☎0494-22-0422 ⓗ秩父市番場町19-8 ⓛ11時30分～20時30分 ⓗ不定休 Ⓧ秩父鉄道御花畑駅から徒歩3分 Ⓟなし
MAP 付録P5B3

約6分

まいるすとーん
マイルストーン ⑦

▶ **厳選素材から作る
もちもちのベーグル**

厳選素材を使い、種類豊富なベーグルを焼き上げている。米麹を使っているので、もちもちの食感が楽しめる。
☎0494-24-4776 ⓗ秩父市番場町18-5 ⓛ11～18時（商品なくなり次第終了）ⓗ不定休 Ⓧ秩父鉄道御花畑駅から徒歩3分 Ⓟなし
MAP 付録P5B3

約1分

ちちぶめいせんかん
ちちぶ銘仙館 ⑧

▶ **機織りを使って
オリジナル作品に挑戦**

秩父銘仙や秩父織物などに関する資料を展示している。体験工房では手織り体験1000円などさまざまな体験ができる。
☎0494-21-2112 ⓗ秩父市熊木町28-1 ¥入館210円 ⓛ9～16時（体験受付は～15時）ⓗ無休 Ⓧ西武鉄道西武秩父駅から徒歩5分 Ⓟ20台
MAP 付録P5B3

約10分

📖 秩父神社の本殿には東西南北に虎、龍、猿、フクロウの彫刻が施されている。

居心地のよい空間でひと休み
趣のあるリノベーションカフェへ

旅館、商店、古民家…、歴史ある建物をリノベーションしたカフェ。
どこか懐かしい空間でゆったりした時間を過ごせるのも楽しみです。

✛ 季節のケーキと
ドリンクセット
1573円〜

豆乳ホイップやフルーツを使った季節替わりのスイーツとドリンク

これもオススメ

ランチでは食禅小昼飯の
望月膳1540円がおすすめ

✛ お茶会セット
1100円

抹茶（薄茶）と羊羹、干菓子、煎茶が付く人気メニュー

これも人気

紫芋のモンブランケーキも色鮮やか

あめつちまにまに

あめつちまにまに

ヘルシーなのに濃厚なスイーツを

築150年の古民家を改装したヴィーガンスイーツ専門のカフェ。豆乳やナッツなど100%植物性食材を使ったケーキは、見た目にも華やか。季節替わりで味わえる。

☎0494-88-9065 住秩父市上町1-7-25 ◷13〜18時 休金〜日曜、祝日のみ営業 交秩父鉄道御花畑駅から徒歩7分 Pなし MAP付録P5A3

建物のイメージは変えずセルフリノベーションしたカフェ

おやすみどころ「くうあんどかん」

お休み処「空&閑」

外壁の高い看板建築を改装したカフェ

大正15年（1926）建築の旧大月旅館別館をリノベーションした癒やしスポット。カフェエリア「閑」では、米や野菜など素材そのものの味を生かした小昼飯などがおすすめ。

☎0494-25-1308 住秩父市番場町15-5 ◷10時30分〜18時 休火・水曜 交秩父鉄道御花畑駅から徒歩3分 P3台 MAP付録P5B3

カフェエリア「閑」の店内には梁が昔のまま残る

おしゃれな
秩父表参道Lab.も
チェック！

秩父神社の表参道に位置する秩父表参道Lab.は、古民家を改装した複合施設。なかでも地ビールが味わえるまほろバルは、趣のある店内空間が魅力。個性的なクラフトビールが週替わりで味わえる。
☎0494-24-3000 **MAP**付録P5B2

✛
わらじとりかつ
バーガー
1100円

秩父グルメをアレンジしたユニークなメニュー。お得なセットドリンクと一緒に味わえる

これもオススメ

スコーン1個200円はメープル&クルミや抹茶がおすすめ

✛
レモンパウンド
390円

さっぱりした味わいのスイーツは定番のワプラスブレンド390円〜と一緒に

これもオススメ

ちーちゃんのハニーレモンワッフル1010円など、ワッフルの種類は豊富

わたげ

WATAGE

和の食材を使ったやさしい味わいの料理

秩父鉄道秩父駅の近くに立つ、古民家を改装したダイニングカフェ。仕切りのある席や座敷、テラス席まで備え、さまざまなシーンでのんびり過ごせる。
☎0494-26-6889 🏠秩父市宮側町6-4 🕐11時30分〜14時30分、17〜24時 🈺火曜 🚉秩父鉄道秩父駅から徒歩1分 🅿2台 **MAP**付録P5B2

白壁がひときわ目を引く店構え

わぷらす こーひー

WAPLUS COFFEE

秩父のレトロカフェを牽引する店

店舗デザインの会社がプロデュースする、和に新しいものをプラスするカフェ。自慢の自家焙煎ドリップコーヒーのなかでは、ワプラスラテ400円〜などはテイクアウトもできる。
☎0494-22-0230 🏠秩父市上町2-8-13 🕐11〜18時（〜17時30分LO）🈺水曜、第2・4木曜 🚉西武鉄道西武秩父駅から徒歩10分 🅿5台 **MAP**付録P5A3

オーナーの祖母が営んでいた荒物屋をリノベーションした

ガッツリ食べたいときはコレ！
バラエティに富んだ豚肉料理

豚ホルモン焼き、わらじカツ丼、豚肉の味噌漬けなど、
秩父に来たらジューシーな豚肉グルメは外せません。

✛ 豚玉丼セット
850円～

特製ダレで柔らかく煮込んだハーブ三元豚に、温泉卵を絡めてマイルドに味わおう

【豚玉丼】
たぬきんてい
たぬ金亭

地元の素材にこだわった新感覚の丼

秩父の新名物「豚玉丼」をはじめ、多彩な丼を味わえる店。店主が考案した豚玉丼は、豚肉と温泉卵、揚げ玉を組み合わせた新感覚の丼で、全国丼グランプリ豚丼部門で金賞を受賞した。

☎0494-54-1811 ⊕秩父市荒川上田野396-1 ⏰11～16時 ㊡水曜、第3木曜 🚃西武鉄道西武秩父駅から車で10分 🅿14台
MAP 付録P4A4

こちらも
オススメ！

2種類のチーズ（ナチュラルチーズとラクレットチーズ）をたっぷりのせたチーズ丼1050円～

ウッディな店内では秩父に由緒ある神社があることから考案されたジンジャー丼1050円～なども味わえる

【豚みそ丼】
そばのもり
そばの杜

豚味噌漬け丼が付くお得なセット

秩父ふるさと館の2階にあるそば処。国内産の石臼挽きそば粉を使った二八そばを中心に、郷土料理も味わえる。香ばしい豚味噌漬けはご飯との相性も抜群！野菜の天ぷらや、みそポテトなどが付く「ちちぶ御膳」1650円もおすすめ。

☎0494-26-5335
⊕秩父市本町3-1
秩父ふるさと館2階
⏰11時30分～15時
（要確認）㊡水曜 🚃
秩父鉄道秩父駅から徒歩3分 🅿14台
MAP 付録P5B2

広々とした空間にテーブル席や座敷を備えている

✛ 豚みそ丼セット
1650円

「秩父豚肉味噌漬本舗せかい」から仕入れた豚肉味噌漬けを丁寧に焼き上げている。香ばしい熟成味噌が美味♪

こちらも
オススメ！

毎日手打ちしているそばはコシがあり風味豊か。もりそば以外にもくるみそば、鴨汁そばなどバリエーション豊富

そば処のサイドメニューも要チェック

明治30年創業の老舗のそば処大むらは、そば以外のメニューも充実している。秩父名物のわらじ丼ともりそばのセット1400円はめんつゆとソースを合わせた甘辛タレが絶妙。
☎0494-22-4147 **MAP**付録P5B2

✛
わらじかつ丼（2枚入り）
1080円

醤油ベースのタレが染み込んでいるのに、サクッとした食感。カツは1枚入りと2枚入りから選べる

わらじかつ丼
やすだや ひのだてん
安田屋 日野田店

秘伝のタレが食欲をそそる名物カツ丼

丼にはヒレ肉を使用した2枚のカツがのり、下のご飯が見えないほどのボリューム。揚げたてをさっぱりとした自家製ダレにくぐらせているので、最後まで飽きずに食べられる。注文時にカットもお願いできる。

☎0494-24-3188 **住**秩父市日野田町1-6-9 **時**11時30分～16時30分 **休**月曜（祝日の場合は翌日）**交**西武鉄道西武秩父駅から徒歩15分 **P**14台 **MAP**付録P5A4

レトロな外観。週末には行列ができる人気店

✛
ネック、レバー、ハツ
各400円

ホルモンは北関東食肉センターから直接仕入れている。ニンニクと唐辛子がきいたタレが絶妙！

ホルモン焼き
たかさごほるもん
高砂ホルモン

辛口ダレで堪能
鮮度抜群のホルモン

創業50余年の豚ホルモンの専門店。新鮮なカシラ、タン、ホルモンなど、どれも1皿400円～とリーズナブル。人気店なので、できれば予約してから訪れたい。

☎0494-23-5858 **住**秩父市東町30-3 **時**17～20時（土・日曜は16時30分～）**休**火・木曜（要問合せ）**交**西武鉄道西武秩父駅から徒歩5分 **P**6台 **MAP**付録P5B3

店内にはテーブル席が25～30席。遠方から訪れるファンも多い

✛
生シロ、シロ、ハツ
450円～

シロ（豚の腸）は旨みたっぷり、生シロは内側に脂がのってジューシーな味わい

ホルモン焼き
すみびやきほるもんしん
炭火焼きホルモン心

希少部位も低価格で堪能できる

西武鉄道のCMの舞台にもなった人気店。豚の大腸、生シロなど希少部位も味わえる。より新鮮な素材を味わいたいなら、肉を仕入れる月・木曜が狙い目だ。

☎0494-22-0306 **住**秩父市中村町1-2-4 **時**17～22時（閉店時間は事前に要確認）**休**無休（臨時休業あり）**交**秩父鉄道秩父駅から徒歩8分 **P**20台 **MAP**付録P5A2

座敷を備えているので落ち着いて食事が楽しめる

メイドイン秩父のワインを求めて
醸造、発酵スポットに出かけましょ

秩父市吉田地区周辺にはワイナリーやチーズ工房などが点在。
発酵食品を楽しめるエリアとして注目されています。

メルロやシャルドネなどワイン用のブドウを栽培している

ちちぶふぁーまーずふぁくとりー うさぎだわいなりー
秩父ファーマーズファクトリー
兎田ワイナリー

秩父で育まれた珠玉のワイン

広大な自家畑を有し、ブドウ栽培からワイン醸造まで一貫して行うワイナリー。農場やワイナリーの見学ができ、季節によっては醸造作業や瓶詰め作業を見ることもできる。秩父のワインを試飲できるテイスティングコーナーも楽しみ。

☎0494-26-7173 住
秩父市下吉田3720 ¥
見学無料 ⏰10～17時
休月曜 交関越自動車道
花園ICから車で35分 P
12台 MAP付録P4A3

▶温度管理された蔵では樽で熟成されたオリジナルワインを仕込んでいる

▲秩父は昼夜の気温差が激しくブドウ栽培に向いているそう ▶さまざまな種類のワインはテイスティングも楽しめる

▲緑豊かな兎田地区にたたずむワイナリー

秩父オリジナルの
ワインを
手に入れよう

兎田ワイナリー併設のワインショップでは、秩父市産ブドウから造った秩父ルージュや、秩父ブランなどバラエティ豊かなオリジナルワインを販売。秩父やまなみチーズ工房とワインのセット、秩父の果物を使ったドライフルーツも好評。

▲ジェラートとリコッタチーズのクリーム、白ワインのシロップを組み合わせた季節のフルーツパフェ1280円 ▶赤ワインベースのタレで味わうわらじかつ定食イタリアンフレッシュトマトソース添え2枚1280円

ちちぶうさぎだしょくどう
秩父うさぎだ食堂

ワイン片手に秩父の恵みを堪能

兎田ワイナリーのワイン直売所に併設したレストラン。秩父産の食材や素材を生かしたメニューを揃え、わらじかつ丼にはイタリアンフレッシュトマトや、秩父やまなみチーズ工房のチーズフォンデュを添えるなど、郷土食をおしゃれにアレンジしている。

☎0494-26-6683 🏠秩父市下吉田3942 🕐11～15時LO 休月曜（祝日の場合は翌日）交関越自動車道花園ICから車で35分 Ｐ20台 MAP付録P4A3

▲秩父吉田エリアの魅力を発信する「秩父発酵ツーリズム」の拠点でもある

ちちぶやまなみちーずこうぼう
秩父やまなみチーズ工房

無添加の手作りナチュラルチーズ

街道沿いにぽつんとたたずむカントリー調の建物。地元小鹿野町にある吉田牧場から毎朝新鮮な牛乳を仕入れ、フレッシュタイプから熟成タイプまで無添加のチーズを製造している。工房はガラス張りになっているので、チーズの製造工程を見ることもできる。

☎0494-26-7638 🏠秩父市下吉田4074-2 🕐12～17時 休月～木曜 交関越自動車道花園ICから車で35分 Ｐ10台 MAP付録P4A3

▲秩父の水や農作物を生かしたチーズを提供している

▲国産チーズコンテスト「ジャパン・チーズ・アワード2020」で金賞を受賞したルビーなど良質なチーズを販売している ▶ミルクの風味豊かなフレッシュ・モッツァレラ648円

📖 秩父うさぎだ食堂では、秩父やまなみチーズ工房でチーズを作るときに出る「ホエー」を使ったうどんを味わえます。

玄関口の駅前も楽しい！
秩父グルメとみやげが勢ぞろい

フードコートとみやげ処を併設した駅直結の複合施設「西武秩父駅前温泉 祭の湯」。
秩父の名物グルメ、かわいいスイーツやグッズも見逃せません♪

食事もみやげも充実の駅前施設

西武秩父駅前温泉 祭の湯

縁日みたいな食事処とみやげ市

西武秩父駅前温泉
祭の湯の1階にある
「呑喰処祭の宴」と「みやげ市」は、温泉に入館
せずとも気軽に利用できる。

☎0494-22-7111（西武秩父駅前温泉 祭の湯）🏠秩
父市野坂町1-16-15 🕐[物販]9時～18時30分 [呑喰
処 祭の宴] 11時～18時30分LO（土・日曜、祝日は～
19時30分）🚫無休 🚃西武鉄道西武秩父駅からすぐ
🅿204台 MAP 付録P5B3

わらじかつバーガー (S)
600円
ふわふわのバンズにキャベツ
の千切りと秩父名物のわらじ
かつをサンド **7**

らーめん
870円
醤油ベースのあっさりと
したスープに、チャーシュ
ウ、メンマ、のりをトッ
ピング **4**

くるみだれそば (並)
780円
風味豊かでコシのあるシンプル
なそば。濃厚なくるみだれにつけ
て味わおう **3**

みそぽてと (串4個付)
280円
蒸したじゃがいもの天ぷらに、
甘辛い味噌だれがかかった秩
父のご当地B級グルメ **6**

ホルモンセット
920円
タン、カシラ、シロといった生ホ
ルモンの盛り合わせ。臭みが少
なく食べやすい **5**

呑喰処 祭の宴
どんや あぶり
丼屋 炙り **1**
「炙り豚味噌丼」と「炙り姫
豚丼」が看板メニュー。帰
りの電車内でも楽しめるよ
うに弁当も用意している。

呑喰処 祭の宴
ちちぶわらじかつてい
秩父わらじかつ亭 **2**
秩父名物のわらじかつ丼を
はじめ、ビールに合うおつま
みわらじ、しゃくしな漬けな
ど一品料理もおすすめ。

呑喰処 祭の宴
ちちぶそば・むさしのうどん
秩父そば・武蔵野うどん **3**
そばとうどんを味わえる食
事処。つけそばのほか、か
けそば、かけうどんなど温
かいメニューも人気。

呑喰処 祭の宴
ちちぶまつりらーめん
秩父祭拉麺 **4**
味噌醤油ベースのラーメン
とつけ麺を味わえる。やや
太めの麺と、祭りをイメージ
したトッピングが特徴。

おしゃれなみやげなら秩父美人屋台へ

ちちぶみやげ市の一角にあり、パステルカラーの商品が並ぶ。秩父銘仙のスカーフや小物、お風呂雑貨、コスメ、洋菓子などを中心に品揃え。かわいらしいデザインの御朱印帳や、手ごろな価格のエコバッグはおみやげにも喜ばれそう。

地元秩父の豆腐屋の豆乳ソフト

400円
地元豆腐店が国産大豆から作った濃厚な豆乳を使用。ヘルシーでやさしい味わい ⑦

秩福かりんとう

350円
カエル、フクロウ、サル、ネコなど秩父七福がデザインされたパッケージがかわいらしい ①

秩父カレー（並）

1240円
大きなカツが2枚のってボリューム満点！秩父ならではのみそぽてとと味噌汁が付く ②

染物店雑貨

960〜2500円
齋藤染物店の藍染の風合いを楽しめる巾着2500円〜や、ちちぶ地図てぬぐい960円〜など。みやげに好評 ⑧

貯古齢糖

1個600円
秩父銘仙の柄をモチーフに、職人さんがノスタルジックに仕上げたチョコレート ⑧

炙り豚味噌丼とろろ添え（並）

1000円
ご飯の上には香ばしく焼き上げた豚の味噌漬けがのっている。とろろをかけて召し上がれ ①

秩父プリン

1個305円
秩父の自然をイメージした桜、楓、サツマイモなど9種類のフレーバーがある ⑧

吞喰処 祭の宴	吞喰処 祭の宴	物販	物販
やきにくほるもん ほうりゃいえん	おやつほんぽ	まつりちゃや	ちちぶみやげいち

焼肉ホルモンほうりゃい苑 ⑤

本格的なホルモン・焼肉が楽しめる店。煙が出ないロースターを使用し、衣服や体に臭いがつきにくい。

おやつ本舗 ⑥

「みそぽてと」や「たこやき」など手軽に食べられるメニューが揃う。テイクアウトして食べ歩きにも便利。

まつり茶屋 ⑦

駅改札から一番近くにあり、気軽に立ち寄れるスナックコーナー。秩父名物を生かした新メニューは見逃せない。

ちちぶみやげ市 ⑧

秩父の特産品や銘菓を販売している。おしゃれな雑貨やご当地キャラクター「ポテくまくん」グッズも。

ユネスコ無形文化遺産に登録された勇壮な秩父夜祭について知りたい!

賑やかな囃子にあわせて豪華絢爛な笠鉾と屋台が練り歩く秩父夜祭。
美しく幻想的な祭りは、ユネスコ無形文化遺産にも登録されています。

花火と山車のコラボレーションを満喫しよう

{ 豪華絢爛な屋台と笠鉾 }

初冬の街中を曳き廻されるのが、笠鉾2基と屋台4基の山車（国の重要有形民俗文化財）。重さは1基が10t以上あり、約200人の曳き子によって曳き廻される様は圧巻だ。屋台の上で日本舞踊が演じられる「曳き踊り」や、左右に舞台を付設して歌舞伎を演じる「屋台芝居」も注目したい。「秩父祭の屋台行事と神楽」として秩父神社神楽とともに国の重要無形民俗文化財に指定されている。

{ 秩父の冬の風物詩 秩父夜祭って? }

毎年12月2日（宵祭）、3日（大祭）に行われる秩父神社の例大祭。300年以上の歴史があるといわれ、地元の人々には「冬まつり」「夜まつり」ともよばれている。祭当日には豪華な笠鉾と屋台が勇壮な屋台囃子のリズムにのって町中を巡行し、屋台歌舞伎や曳き踊りが上演される。冬の夜空を彩る花火も見事。京都の祇園祭、飛騨の高山祭とともに日本三大曳山祭の一つに数えられている。

{ 神々の伝説が夜祭の由来 }

12月3日の夜祭をめぐっては、地元に語り継がれる伝承がある。秩父神社のご祭神である妙見菩薩（女神）と、武甲山に棲む龍神様（男神）は互いに相思相愛だった。ところが龍神様には正妻のお諏訪様がいたため、夜祭の晩のみお諏訪様の許しを得て逢引をするようになった。秩父夜祭の行列が諏訪神社に近い地点を通過する際には、敬意を表して屋台囃子の鳴りをひそめ、静かに通過するのだそう。

▼西武秩父駅周辺から眺めるのがおすすめ

ここが必見❷
花火
2、3日の夜に大玉や尺玉、スターマインなどの花火が夜空を彩る。

ちちぶよまつり
秩父夜祭

☎0494-25-5209（秩父市観光課）❎会場は秩父神社、秩父神社周辺、本町通り、秩父駅前通りなど
秩父神社へは池袋駅から西武鉄道池袋線特急で約1時間20分、西武秩父駅下車、徒歩10分。熊谷駅から秩父鉄道で約1時間10分、秩父駅下車、徒歩3分

ここが必見❶

笠鉾・屋台曳き廻し

豪華絢爛な笠鉾と屋台が巡行する。
幕の刺繍や彫刻などにも注目しよう。

▼曳き廻しの最大の難所「団子坂」が一番のみどころ

総体黒漆で、極彩色の彫刻を飾った中近笠鉾

白木造りの二重の屋根を持つ秩父最大の下郷笠鉾

秩父祭の屋台のなかで最も古い宮地屋台

屋台の中で最も屋根が大きく華麗な上町屋台

日本神話を題材にした彫刻が目を引く中町屋台

本町屋台は彫刻や装飾など贅を尽くした造り

▶屋台本体には回り舞台も備えている

ここが必見❹

屋台芝居

屋台の左右に張出舞台を付け、本格的な歌舞伎が披露される

ここが必見❸

屋台曳き踊り

4基の屋台が市内の決められた場所に停まって日本舞踊を披露する

▲長唄に合わせて地元の少女たちが優雅に舞う

地図凡例
- トイレ
- 主な屋台曳き廻しルート
- 12月3日17時〜通行止

31

秩父のおすすめスポット

秩父まつり会館
ちちぶまつりかいかん

秩父夜祭の活気を体感できる

京都の祇園祭、飛騨の高山祭と並び日本三大曳山祭の一つとして知られる秩父夜祭。館内では秩父夜祭に関する笠鉾や屋台などを常設展示している。3Dシアターや資料展示コーナーも見応えあり。**DATA**☎0494-23-1110 ⓘ秩父市番場町2-8 ¥入館500円 ⓒ9～17時（12～3月10時～）ⓗ第4・5火曜（祝日の場合は開館）、季節により変動あり ⓔ秩父鉄道秩父駅から徒歩2分 Ⓟ17台 **MAP**付録P5B2

旧秩父橋
きゅうちちぶばし

アニメの舞台にもなったアーチ橋

荒川に架かる国道299号線の秩父橋。現在、車道となっているのは昭和60年（1985）に完成した3代目の斜張橋で、昭和6年（1931）に竣工したアーチ橋は旧秩父橋とよばれている。旧秩父橋は歩道として整備されており、埼玉県の有形文化財に指定されている。**DATA**☎0494-25-5209（秩父市観光課）ⓘ秩父市阿保町 ¥ⓒⓗ散策自由 ⓔ秩父鉄道大野原駅から徒歩15分 Ⓟなし **MAP**付録P7上C1

cucina salve
くちーな さるうぇ

新しいスタイルの郷土料理

自家栽培の野菜、秩父産のタケノコや山菜、キノコなど秩父の四季を味わえるイタリアンレストラン。無添加・無化学調味料にこだわったディナー6600円～。前菜盛り合わせ、ピッツァ、パスタ、メイン、ドルチェなどが付くコース。**DATA**☎0494-22-6227 ⓘ秩父市番場町17-14 ⓒ17時30分～21時LO（土・日曜、祝日のみ11時30分～14時も営業）ⓗ水・木曜 ⓔ秩父鉄道秩父駅から徒歩5分 Ⓟなし **MAP**付録P5B2

武甲山資料館
ぶこうざんしりょうかん

秩父のシンボル武甲山をひもとく

市街地の南にそびえる名峰・武甲山の歴史や地質、石灰岩、植物、生物など、山にまつわるデータを分かりやすく解説している。映写室では登山やハイキングコースなど、武甲山に関するDVD上映も行われている。**DATA**☎0494-24-7555 ⓘ秩父市大宮6176羊山公園内 ¥入館210円 ⓒ9～17時 ⓗ火曜（祝日の場合は開館）ⓔ西武鉄道西武秩父駅から徒歩15分 Ⓟ6台 **MAP**付録P5C3

レストランにぐるまやダイニング
れすとらんにぐるまやだいにんぐ

高台に立つ眺望抜群のレストラン

秩父市内を一望できる小高い丘の上に立ち、美しい夕日が眺められると評判のレストラン。隣接する自家農園で収穫した季節の新鮮野菜をさまざまな料理に使用している。鉄板で提供される荷車屋ハンバーグ180g1180円（ライス210円）がおすすめ。**DATA**☎0494-23-5201 ⓘ秩父市宮地5881 ⓒ11時30分～21時 ⓗ月曜（祝日の場合は翌日）ⓔ秩父鉄道秩父駅から車で5分 Ⓟ50台 **MAP**付録P4B3

本格手打わへいそば
ほんかくてうちわへいそば

素朴な田舎そばに舌つづみ

そば殻（甘皮）を一緒に挽き込んだ粗挽きのそば粉を使った田舎そばが味わえる店。香り高い田舎そばはくるみ汁で味わうのが秩父流。エビと季節の野菜天ぷら、くるみ汁が付く天ぷらが付く1485円がおすすめ。**DATA**☎0494-24-9280 ⓘ秩父市中村町1-4-13 ⓒ11～18時（売り切れ次第終了）ⓗ木曜（祝日の場合は営業）ⓔ秩父鉄道秩父駅から徒歩10分 Ⓟ20台 **MAP**付録P5A2

和銅遺跡
わどういせき

和同開珎ゆかりのスポットへ

日本最古の流通貨幣「和同開珎」誕生のきっかけとなった、自然銅（和銅）が発見された場所。木々に囲まれた一帯は散策路が整備されており、自由に歩くことができる。散策路の入口には、金運の神様として信仰されている聖神社が立つ。境内には小さめの「和同開珎」モニュメントがある。**DATA**☎0494-24-0345（秩父市和銅保勝会）ⓘ秩父市黒谷 ¥ⓒ見学自由 ⓗ秩父鉄道和銅黒谷駅から徒歩15分 Ⓟ10台 **MAP**付録P4B2

散策路沿いに直径5mほどのモニュメントが立つ

聖神社では絵馬で金運の願掛けをしよう

手打ち十割さらしな蕎麦きりみやび庵
てうちじゅうわりさらしなそばきりみやびあん

香り高い十割そばを堪能できる

武甲山の伏流水を使って手打ちした十割そばが自慢のそば処。珍しいさらしなそばの十割は、そば本来の甘みとコシを楽しめる希少なメニュー。さらしな蕎麦きり1012円が定番。ボリューム満点の三種蕎麦きりは1760円。**DATA**☎0494-21-5538 ⓘ秩父市野田町2-6-24 ⓒ11～15時（売り切れ次第終了）ⓗ不定休 ⓔ西武鉄道西武秩父駅から徒歩10分 Ⓟ12台 **MAP**付録P5A4

ぶたみそどんほんぽのさか
豚みそ丼本舗野さか

秩父の名物グルメ発祥の店

養蚕農家の造りをイメージした建物が、銘仙の町として栄えた秩父の町中に溶け込むようにたたずむ食事処。豚みそ漬けを炭火で焼き上げた滋味深い豚みそ丼（並）1000円が定番メニュー。**DATA** ☎0494-22-0322 ⓘ秩父市野坂町1-13-11 ⓒ11〜15時（売り切れ次第終了）ⓕ日曜（臨時休業の場合はホームページに掲載）ⓧ西武鉄道西武秩父駅から徒歩5分 ⓟ20台 **MAP**付録P5B4

ちちぶからあげきすけしょくどう
秩父からあげきすけ食堂

ボリューム満点のから揚げが人気

本格的なアジア料理が味わえる食事処。ランチのセットメニューは秩父の野菜を使用したサラダやパスタ、カレーなどの食べ放題付き。大きなから揚げに特製ダレを付けて味わう手のひらからあげSET1060円がおすすめ。**DATA** ☎0494-26-7558 ⓘ秩父市道生8-19清川ビル1階 ⓒ11〜14時、17〜22時（土・日曜、祝日は11〜22時）ⓕ月曜 ⓧ秩父鉄道秩父駅から徒歩5分 ⓟ8台 **MAP**付録P5A2

こーひー ちゃこ
珈琲 千茶古

開放的なテラス席を備えた喫茶店

訪れる人がほっとひと息つける空間の店。丁寧にドリップしたコーヒーと手作りケーキが好評。焼チーズケーキ490円はドリンクとセットで980円。ホットサンド610円などのフードメニューも充実している。**DATA** ☎0494-24-3085 ⓘ秩父市熊木町36-2 ⓒ10〜17時 毎月20日（土・日曜の場合は翌日）ⓧ西武鉄道西武秩父駅から徒歩10分 ⓟ20台 **MAP**付録P5C3

そばどころまるた
そば処まるた

趣向を凝らしたそばの味わい方

産地にこだわらず良質なそば粉を仕入れ手打ちするそば処。毎日、石臼挽きしたそば粉を使用し、コシと風味を堪能できる。ごまだれそばはゴマの風味を最大限に引き出したオリジナルメニュー。天ぷら盛り合わせ1000円などを一緒に味わいたい。**DATA** ☎0494-24-2489 ⓘ秩父市熊木町13-10 ⓒ11時30分〜16時（売り切れ次第終了）ⓕ木曜 ⓧ西武鉄道御花畑駅から徒歩5分 ⓟ4台 **MAP**付録P5B3

ぱーらーこいずみ
パーラーコイズミ

昔から変わらぬ多彩なメニュー

昭和の面影を残す落ち着いた雰囲気の喫茶店。パフェの種類に定評があり、なかでも12〜5月限定のいちごパフェ700円がおすすめ。ほろ苦くまろやかな口あたりのコーヒーゼリーを使ったモカペア550円や、フードでは昔ながらのナポリタン730円が人気。**DATA** ☎0494-22-3995 ⓘ秩父市番場町17-13 ⓒ10〜19時 ⓕ木曜 ⓧ西武鉄道御花畑駅から徒歩4分 ⓟ5台 **MAP**付録P5B3

めーぷる べーす
MAPLE BASE

濃厚なメープルに合うパンケーキ

秩父のカエデの樹液から製造するメープルシロップが味わえるカフェ。地元産の卵や牛乳を使ったふわふわのパンケーキにはメープルシロップをたっぷりかけて味わおう。メープルサイダー300円なども販売している。**DATA** ☎0494-26-6150 ⓘ小鹿野町長留1129-1秩父ミューズパーク内 ⓒ10〜17時（季節により変動あり）ⓕ水曜 ⓧ秩父鉄道秩父駅から車で15分 ⓟ200台 **MAP**付録P4A4

シンプルで落ち着ける座敷席でいただこう

通常のツユと胡麻だれが付く胡麻だれ960円

昭和レトロな風情を残す個性的な外観の店

自家製プリンをのせたプリンアラモード750円

山並みを眺めながらのんびりできるテラス席

オリジナルパンケーキ3枚700円がおすすめ

ココにも行きたい

秩父のおすすめスポット

🅷 八幡屋本店
やばたやほんてん

秩父にちなんだ銘菓が揃う

明治35年（1902）創業、秩父神社前にある老舗店。創業以来、変わらぬ味を守り続け、地元の人に愛される銘菓が揃う。日本初の貨幣・和同開珎をかたどった和銅餅6個入り1100円は、小倉と柚子の2種類がある。白餡を包んだ秩父自慢10個入り1260円も好評。**DATA**☎0494-22-0010 🏠秩父市番場町8-18 🕘8～19時 休無休 🚉秩父鉄道秩父駅から徒歩3分 🅿5台 **MAP**付録P5B2

🅷 水戸屋本店
みとやほんてん

ゆるキャラとコラボした商品も

明治8年（1875）創業、140年以上続く和菓子店。ちちぶ餅3個入り420円は、甘さ控えめのつぶ餡がぎっしりの秩父を代表する銘菓。秩父のゆるキャラ「ポテくまくん」の手をデフォルメしたポテくまくんのおてて1個280円もユニーク。**DATA**☎0494-22-1237 🏠秩父市本町1-228 🕘9時～18時30分 休火曜（祝日の場合は営業）🚉西武鉄道西武秩父駅から徒歩10分 🅿3台 **MAP**付録P5B2

🅷 本家松月
ほんけしょうげつ

秩父夜祭をイメージした銘菓が自慢

明治時代から130年以上続く和菓子店で、昔ながらの製法にこだわった銘菓が並ぶ。日本三大曳山祭りの一つ、秩父夜祭の笠鉾をかたどった秩父屋台最中3個入り486円は、特製つぶ餡入りのもなか。ホクホク食感が楽しめる太白いも1個162円もおすすめ。**DATA**☎0494-22-3996 🏠秩父市中町9-12 🕘9時30分～18時 休火曜 🚉秩父鉄道御花畑駅から徒歩5分 🅿1台 **MAP**付録P5A3

老舗感が漂う昔ながらの店構え

🅷 じばさん商店
じばさんしょうてん

秩父のいいものが全部詰まった

2022年3月にリニューアルした、「秩父の地域文化を時代に合わせて発信する」をコンセプトにした店。店内には地元産の野菜や定番のみやげなど、バラエティに富んだ商品が並ぶ。弁当やパンなど惣菜系みやげのほか、フードコートで秩父グルメも味わえる。**DATA**☎0494-24-6966 🏠秩父市宮側町1-7 🕘10～19時（一部、フードコート11～21時）休不定休 🚉秩父鉄道秩父駅直結 🅿20台 **MAP**付録P5B2

秩父駅に併設され多くの観光客で賑わう店内

人気商品の一つ、秩父豚肉味噌漬5枚入り1080円

🅷 秩父菓子処栗助
ちちぶかしどころくりすけ

秩父の素材にこだわった銘菓

作りたての和菓子や惣菜が並ぶ店。秩父でしか栽培されていない太白芋を使った太白芋むしようかん1個165円がおすすめ。秩父カエデ糖で風味をつけたクッキーのすのぼうる8個入り380円や栗一粒が丸々入った栗とら焼き170円も人気。**DATA**☎0494-25-2411 🏠秩父市黒谷822-1 🕘9時30分～17時 休無休 🚉秩父鉄道和銅黒谷駅から徒歩15分 🅿30台 **MAP**付録P4B2

秩父の定番みやげとして人気の秩父屋台最中

🅷 栄誠堂
えいせいどう

秩父カエデ糖を使った銘菓

四季折々の秩父の自然や伝統芸能などを表現したご当地菓子を販売している店。おすすめはモンドセレクション銀賞受賞のカエデ山の玉手箱3個入り520円。カエデ樹液と白餡を練り込んだ和風カステラで、中にはクルミ、ブドウ、うぐい豆が入っている。**DATA**☎0494-22-1374 🏠秩父市上町2-14-6 🕘9～18時 休水曜 🚉西武鉄道西武秩父駅から徒歩10分 🅿2台 **MAP**付録P5A3

秩父の環境が育んだ逸品
イチローズモルトを徹底解剖

生産者の思いが込められた「イチローズモルト」。
秩父で誕生したウイスキーの魅力に迫ります。

ファンに愛される世界的な人気銘柄

ベンチャーウイスキーの銘柄のなかでも、最もスタンダードな「ホワイトラベル」は、最初に味わうイチローズモルトとしておすすめ。味や芳香の違いをもっと楽しみたいなら、熟成樽の違いからそれぞれ個性的な仕上がりとなっている「リーフラベル」を。ただし、生産量が限られているため、入手するのが厳しくなっているという。
イチローズモルトは世界的なコンテスト「ワールド・ウイスキー・アワード（WWA）2021」で、5年連続となる最高賞を獲得。秩父の小さな蒸溜所から生まれたイチローズモルトは、今や世界のウイスキー愛好家から支持されている。

生産者の名前からネーミングされた

「イチローズモルト」の生みの親、肥土伊知郎さんは秩父の造り酒屋の生まれ。祖父の代から埼玉県羽生市でウイスキー造りを行なっていたが、経営が悪化し蒸溜場が売却されてしまう。20年近く熟成されていた原酒は処分される予定だったが、福島県の酒造所の協力により貯蔵された。原酒を引き取り、ウイスキーの商品化に着手するため、肥土さんは2004年にベンチャーウイスキーを創業。自身の名前を冠した「イチローズモルト」が誕生した。
せっかく完成したイチローズモルトだが、当初は無名の銘柄だったため、1日に3〜5軒、2年間でのべ2000軒ものバーをめぐり、口コミでファンを増やしていったのだそう。また、原酒を売るだけではなく、ウイスキーを造るために2007年に秩父に蒸溜所を設立した。

秩父の環境が作る極上のウイスキー

ウイスキー造りに大切なのは、熟成するその土地の環境。水、空気、湿度なども影響するが、最も大切なのは、一年を通して寒暖の差が大きいこと。冬は朝晩−10℃、夏は35℃を超える秩父の環境がウイスキー造りに適しているという。地元の協力を得て原材料の大麦作りも行なっている。
蒸留に使用するポットスチルはスコットランド製の最小クラス。人の味覚や感覚を大切にしたい思いから、手動式を採用している。発酵槽はステンレス製が主流だが、ここでは木製。しかもミズナラ材を使用するのは世界でもここだけ。アルコール以外の成分も蒸留するため、個性的な酒に仕上がる。

ちちぶじょうりゅうしょ
秩父蒸溜所

秩父が誇るウイスキー
日本で希少なウイスキー専業メーカー。2008年に免許取得以降、世界の賞を多数受賞している。生産量は限られているが、秩父市内のバーやレストランで飲むことができる。
☎0494-62-4601（ベンチャーウイスキー「秩父蒸溜所」）

あの名作の舞台を目指して
秩父三部作、アニメ聖地めぐり

秩父が舞台設定のモデルとなり、アニメや映画で話題を集めた「秩父三部作」。
アニメのシーンに出てくる実際のスポットが秩父市街に点在しています。

©ANOHANA PROJECT

『あの日見た花の名前を僕達はまだ知らない。』の聖地

平成を代表する泣ける「大人アニメ」として多くのアニメファンを魅了。超平和バスターズの足跡をたどってみよう。

『あの日見た花の名前を僕達はまだ知らない。』ってどんなアニメ?

受験に失敗し、引きこもり生活を送っていたじんたんの前に、死んだはずの幼なじみ・めんまが現れる。これをきっかけに小学生の頃に結成した「超平和バスターズ」の仲間と再会し、追憶とともに自分を見つめ直していく。

ちちぶじんじゃまえ
秩父神社前

秩父地方の総鎮守で、多くの参拝客が訪れる古社。本殿の極彩色の彫刻が見応えあり。
☎0494-22-0262
DATA ☞P20

門前でじんたんがゆきあつを待ち構え、秘密基地に誘った

めんまの願いを叶えるために櫓から花火を打ち上げる

りゅうせいうちあげやぐら
龍勢打ち上げ櫓

10月第2日曜に行われる龍勢祭。この祭りで「龍勢」とよばれるロケット花火を打ち上げるための櫓。
☎0494-77-0333(龍勢会館) 住秩父下吉田7377 営・時・休見学自由(外部からの見学のみ)交西武鉄道西武秩父駅から西武バス秩父吉田線で30分、龍勢会館下車、徒歩5分 Pなし MAP付録P4A2

けやきこうえん
けやき公園

定林寺の近くにあり滑り台やぶらんこのある公園。ベンチに座って記念撮影する人も多い。
☎0494-25-5209
(秩父市観光課)
住秩父市桜木町
営・時園内自由
交秩父鉄道秩父駅から徒歩15分 Pなし
MAP付録P5B1

じんたんが高校に行けず立ち寄った公園

道の駅ちちぶでオリジナルグッズ探し

市街地に位置し最寄りの秩父駅から歩いても行ける便利な道の駅。秩父の定番みやげのほか、「あの花」とコラボしたグッズも販売。秩父限定のクリアファイル1枚400円など。
☎0494-21-2266 **MAP** 付録P5B2

『心が叫びたがってるんだ。』の聖地

「あの花」チームが贈るアニメの第2弾。お寺や公園など、アニメの舞台になった風景を探そう。

©KOKOSAKE PROJECT

小学生の順が泣いていると王子の妖精が現れお喋りを封印された

『心が叫びたがってるんだ。』ってどんなアニメ？

幼い頃、何気なく発した言葉によって家族がバラバラになってしまった少女・成瀬順。突如現れた「王子の妖精」にお喋りを封印され、言葉を発するとお腹が痛くなるという呪いをかけられる。

順が拓実にお喋りを封印されたことを告白するシーンで登場

だいじじ
大慈寺

曹洞宗の寺院で、体の悪いところを撫でるとよいといわれる「おびんずるさま」がある。
☎0494-23-4124 **住**横瀬町横瀬5151 **Y ⏰ 休**境内自由 **交**西武鉄道横瀬駅から徒歩20分 **P**20台 **MAP** 付録P5C2

ぼくすいのたき
牧水の滝

西武秩父駅から羊山公園へと登る途中にある。若山牧水にちなんで名付けられた。
☎0494-25-5209(秩父市観光課) **住**秩父市熊木町 **Y ⏰ 休**見学自由 **交**西武秩道西武秩父駅から徒歩8分 **P**なし **MAP** 付録P5B3

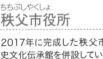

市役所と歴史文化伝承館の渡り廊下を歩くシーンで登場

ちちぶしやくしょ
秩父市役所

2017年に完成した秩父市の本庁舎。歴史文化伝承館を併設している。
☎0494-22-2211 **住**秩父市熊木町8-15 **交**西武鉄道西武秩父駅から徒歩3分 **MAP** 付録P5B3

『空の青さを知る人よ』の聖地

過去と現在をつなぐせつないストーリー。市役所や巴川橋など、秩父市の象徴的な風景が聖地となった。

©2019 SORAAO PROJECT

『空の青さを知る人よ』ってどんなアニメ？

17歳の高校生・相生あおいは両親を亡くして以来、恋人との上京を断念し親代わりに自分を育ててきた姉のあかねに負い目を感じていた。あるとき、あかねの元恋人が音楽祭のために町に戻ってくる。同じ頃、13年前の過去から時間を超えてきた18歳の慎之介があおいの前に現れる。

ともえがわばし
巴川橋

荒川に架かる橋長172.5mのアーチ状の橋。「関東地域の橋百選」でもある。
☎0494-25-5209 (秩父市観光課) **住**秩父市 **Y ⏰ 休**見学自由 **交**秩父鉄道影森駅から徒歩20分 **P**なし **MAP** 付録P4A4
◀クライマックスであおいとしんのが橋を越え空を駆け巡る

これしよう！
激流を豪快に下る
ラフティング

大型のゴムボートで川を下るアクティビティ。インストラクター同行で安心。

これしよう！
寶登山神社（☞P46）
の彫刻を見る

四神と5匹の龍など、本殿には鮮やかな彫刻が施されている。

これしよう！
季節ごとの景色を
舟上から眺める

長瀞ラインくだり（☞P40）は長瀞観光の定番。自然の造形美に感動！

ジオパーク秩父の中心となる景勝地

長瀞
ながとろ

かき氷や素朴なおやつも
旅のお楽しみ♪

こんなところ

埼玉を縦断するように流れる荒川沿いに、食事処、カフェ、みやげ物店などが点在するエリア。四季折々の自然美を満喫できる川くだりやラフティングが観光の目玉。宝登山の麓に位置する寶登山神社は、関東屈指のパワースポットとして多くの参拝客が訪れる。天然氷を使ったかき氷もおすすめ。

ａｃｃｅｓｓ

●池袋駅から
東武東上線で寄居駅まで約1時間40分、秩父鉄道に乗り換えて長瀞駅まで約16分

問合せ
☎0494-66-0307
長瀞町観光案内所
広域MAP 付録P6B3

観光のヒント
休日の混雑を避けるなら
午前中早めに訪れたい

長瀞駅周辺では長瀞ラインくだりや寶登山神社など徒歩で回れる。上長瀞駅まで足を延ばすならレンタサイクルの利用がおすすめ。

寄居へ
寄居駅へ
ふくろや
真性寺
たけのこ
金
春日神社
古沢園

長瀞駅から徒歩15分
ふくろや（☞P48）へ

手のひらサイズのすまんじゅうは長瀞の名物みやげ

長瀞第一小

秩父鉄道

彩甲斐街道

宝登山山頂の癒やしスポット
宝登山小動物公園ではニホンザルの姿を見ることができる。

寶登山神社でほっとひと息
境内にあるヤマブ寶登山売店では黄金団子1本300円を。

光安寺

荒川

3 長瀞とガレ
（☞P43）

長生館

秩父鉄道
長瀞ライン下り(乗降所)

寶登山神社
（☞P46） **1**

長瀞駅前局
大鳥居
長瀞
長瀞駅前
民宿やなぎや

秩父赤壁

長瀞玉淀自然公園

宝登山小動物公園

宝登山
宝登山奥宮
宝登山ロウバイ園
山頂レストハウス

玉泉寺
ヤマブ寶登山売店
旧新井家住宅
長瀞町郷土資料館

岩畳
（☞P42） **4**

宝登山頂駅

宝登山麓駅

ミッションヒルズCC

岩畳一周コース
（☞P43） **5**

2 宝登山ロープウェイ
（☞P47）

埼玉県立自然の博物館
リバーパーク
上長瀞オートキャンプ場
アウトドアセンター長瀞

上長瀞
上長瀞

皆野町

阿左美冷蔵 金崎本店
（☞P44） **6**

0　　　　500m
N

金崎神社
秩父へ
秩父駅へ

長瀞

おすすめコースは
4時間

長瀞駅からはゆるやかな上り坂を歩き、寶登山神社を目指す。参道沿いのカフェでかき氷を味わおう。長瀞駅へ戻ったら、景勝地の岩畳方面へ歩き、長瀞ラインくだりを楽しみたい。

スタート ゴール

	1	2	3	4	5	6	
	見る	遊ぶ	買う	見る	遊ぶ	カフェ	
秩父鉄道長瀞駅	寶登山神社	宝登山ロープウェイ	長瀞とガレ	岩畳	岩畳一周コース	阿左美冷蔵金崎本店	秩父鉄道上長瀞駅
	徒歩15分	徒歩5分	徒歩25分	徒歩2分	徒歩すぐ	徒歩20分	徒歩3分

臨場感たっぷりに渓谷美を楽しむ
長瀞ラインくだり&ラフティング

雄大な自然に抱かれた長瀞渓谷は、絶好の川遊びスポット。
四季折々の景色の中で、さまざまなアクティビティを体験できます。

ちちぶてつどうながとろらいんくだり
秩父鉄道長瀞
ラインくだり

ダイナミックな渓谷美を
船上から満喫しよう

大正4年(1915)から続く川下り。岩畳
や断崖絶壁など変化に富んだ渓谷美
を、和舟に乗ってのんびりと観賞でき
る。船頭さんのガイドも楽しみのひとつ。
☎0494-66-0950(秩父鉄道長瀞ラインくだ
り本部) 🏠長瀞町長瀞489-2 ⏰9〜16時ご
ろの間に随時運行 📅3月上旬〜12月上旬営
業、期間中無休(増水・渇水・荒天による運休
あり) 🚃秩父鉄道長瀞駅から徒歩1分(受付)
🅿140台 **MAP** 付録P6C3

体験DATA
+所要時間:約15〜30分
+料金:1800円
+予約:不要
+期間:3月上旬〜12月上旬
+休み:期間中無休
(増水、渇水、悪天候時は運休)

川下り

| 橋の下からご挨拶 |
START

Aコースのみどころ「荒川橋梁」。秩父鉄
道の鉄橋なので、列車が通過するシーン
を見られることも

やっほー

| スリル満点! |
コース最大の急流ポイン
ト「小滝の瀬」。中州で流
れが二手に分かれ、川
幅も狭くなる

| 岩畳はのんびり♪ |

結晶片岩が侵
食されてできた
「岩畳」は国の名
勝天然記念物

| 迫力満足の水しぶき |

「大河瀬」は最大の難所。川幅は
広いが、勢いよくしぶきが上がる
のでシートの用意を

| 奇岩の魅力にはまる |

FINISH

カエル岩や、ゾウ岩、
亀の子岩など奇岩が
点在。自然のアートを
楽しみたい

ラフティング

体験DATA
✛所要時間：2時間30分
（着替え、移動を含む）
✛料金：6000円～
（装備、保険など一式別途300円）
✛予約：事前に要予約
✛期間：3月上旬～11月上旬
✛休み：期間中無休
（増水、渇水、悪天候時は運休）

あうとどあせんたーながとろ
アウトドアセンター長瀞

水しぶきを上げて進む
大迫力の激流下り

最大9名まで乗れる大型のラフト（ゴムボート）で、川を下るアクティビティ。パドルを動かし、力を合わせて激流を下るのは気分爽快♪流れがゆるやかな場所では川遊びも楽しめる。

START

｜レクチャー開始｜

まずは前進、後退時のパドルの使い方や、緊急事態の姿勢など、基本動作を練習しよう

☎0120-66-4162 住長瀞町長瀞1429 営集合時間9時、10時30分、12時30分、14時、15時の1日5回 休シーズン中無休 交秩父鉄道上長瀞駅から徒歩3分 P30台 MAP 付録P6C3

｜無邪気に川遊び｜

冷たくて気持ちいい！

準備運動をかねて川の中へドボン！水を掛け合って、体を水に慣らしてから出発

｜ゴール！｜

FINISH

ラフティング後は＋1650円で牛肉や野菜など盛りだくさんのBBQを楽しめる

きゃ～!!

｜川遊びを満喫♪｜

水の流れに身を任せて川を下ろう。途中の岸では逆さにしたラフトを滑り台にして遊べる

｜ダイブに挑戦！｜

流れのゆるやかな場所になったらラフトの縁から川へダイブ！

📖 ラインくだりの所要時間は荒川の水量などによって変わるので時間に余裕をもって乗船しよう。

ジオパーク秩父の岩畳をぐるり
大自然のパワーを感じてみましょう

四季折々の美しい景色が楽しめる、長瀞渓谷の一部に広がる岩畳。
荒川沿いに整備された岩畳一周コースを歩き、太古のロマンを感じよう。

岩畳通り商店街に立つ木製の道標

岩畳一帯は青く淀んだ「瀞」となり、美しい景勝地として知られている

岩畳ってこんなところ

旧親鼻橋から旧高砂橋までの荒川の両岸が国指定の名勝・天然記念物になっており、そのなかの一部が岩畳とよばれる河成段丘。激しい川の流れにより、河原の礫に覆われず岩盤がむきだしになっている。地殻変動と侵食によって現れた太古の地層が見られる景勝地の一帯は遊歩道が整備されており、四季折々の景色を眺めることができる。
☎0494-66-0307（長瀞町観光案内所）
住長瀞町長瀞 営休散策自由 交秩父鉄道長瀞駅から徒歩5分 Pなし MAP付録P6C3

※ Check Point ※

❶ 誕生までの歴史

約8500万年～約6600万年前
秩父帯や四万十帯の岩盤の一部が、中生代白亜紀にプレートとともに地下20～30kmの深さに引きずり込まれ、結晶片岩が分布している。

明治11年（1878）
ドイツ人地質学者による調査が始まり「日本地質学発祥の地」といわれるようになった。

❷ 名前の歴史

重なり合った地層が、まるで畳を敷き詰めたように広がっている様子から付いた。対岸の崖は秩父赤壁とよばれている。

滑りやすい岩盤なので足元に気を付けて歩こう

鮮やかなヤマツツジが開花する園内

岩畳一周コース

① 蓬莱島公園
ほうらいじまこうえん

蓬莱島は荒川の侵食によってできた島。現在は公園として遊歩道が整備されている。春には桜やヤマツツジなどが開花する。

② 月の石もみじ公園
つきのいしもみじこうえん

11月に約50本のオオモミジが色付き、夜にはライトアップも行われる。園内には高浜虚子の石碑も立つ。

散策には新緑の季節もおすすめ

③ 茶夢
ちゃーむ

お茶の新井園に併設されたテイクアウト店。抹茶のラテやホットサンドがおすすめ。
☎0494-66-0330 住長瀞町長瀞1547-4 ⏰10〜18時 休木曜 交秩父鉄道上長瀞駅から徒歩3分 P5台 MAP付録P6C3

人気のホイップandアイス抹茶ラテ500円

豚味噌としゃくし菜入りの宝登サンド350円

④ 長瀞とガレ
ながとろとがれ

オリジナルのガレットなど食べ歩きグルメが味わえる人気店。
☎0494-66-3555 住長瀞町長瀞447 ⏰10〜17時(売り切れ次第終了) 休不定休 交秩父鉄道長瀞駅から徒歩2分 Pなし MAP付録P6C3

みそ豚ガレドッグ190円〜が定番

ヘルシーです！

地元素材にこだわったみそ豚ガレット550円

岩畳通り商店街沿いのおしゃれな店

希少なきな粉を使った茶豆きな粉のミルクラテ280円

自転車を使って岩畳を回る

レンタサイクル
れんたさいくる

駅前の長瀞観光案内所を起点に、周辺の観光スポットを回ろう。
☎0494-66-0307(長瀞町観光案内所) 住長瀞町長瀞529-1 ¥1時間300円〜 ⏰9〜17時 休無休 交秩父鉄道長瀞駅からすぐ Pなし MAP付録P6C3

サイクルステーションに乗り捨てもできる

長瀞 ● ジオパーク秩父の岩畳をぐるり

川の水が深く流れが静かなところを「瀞」といって、長瀞の地名の由来にもなっている。

頭にキーンとこない ふわっふわの天然かき氷をご賞味あれ

手間と時間をかけて作られる、希少な天然氷のかき氷。
シロップにも各店ならではの工夫が隠されています。

決め手はコレ
一番人気の秘伝みつ
和三盆糖をじっくり煮詰めて作った秘伝みつは、シンプルな味わい
決め手はコレ
ふわふわな食感
天然氷は空気を多く含んでいるので、かき氷がふわふわな食感になる
決め手はコレ
3種類の餡が付く
小豆つぶ餡、抹茶餡、白餡の3種類で味の変化を楽しめる

秘伝みつ極みスペシャル 1500円

あさみれいぞう かなさきほんてん

阿左美冷蔵 金崎本店

かき氷ブームの先駆的存在

明治23年（1890）創業、伝統の製法で天然氷を製造し、切り出した氷を使ったふわふわのかき氷を販売している。シロップには蜜や天然果汁を使用し、梅干が付くのもユニーク。

☎0494-62-1119 住皆野町金崎27-1 時10時～16時30分（状況により15時ごろ閉店する場合もあり） 休木曜 交秩父鉄道上長瀞駅から徒歩3分 Pなし MAP付録P6B3

ほかにもあるおすすめスイーツ

あさみの氷みつみかん シロップ添え＆練乳 1200円

100％ミカン果汁を使ったシロップで味わう。ミカンの甘みと酸味がたまらない

抹茶 小豆あん＆黒みつ付き 1500円

ほろ苦い抹茶のシロップと黒みつをかけ、好みのタイミングで小豆餡をのせて

あさみの氷みつ いちご シロップ添え＆練乳 1200円

いちご果汁と氷糖蜜を合わせたシロップをかけて、スイーツのような味わいに

天然氷のかき氷はなぜおいしいの？

秩父地方の厳しい冬の寒さを利用し、伏流水を「氷池」とよばれる人工池に溜め約2ヵ月かけて凍らせている。時間をかけて凍った天然氷は空気を多く含み、ミネラルや栄養もたっぷり。

ぎゃらりーきっさやました
ギャラリー喫茶やました
工芸品に囲まれて安らぎの時を

寶登山神社（→P46）の参道途中にあるギャラリー＆カフェ。店内には和紙の灯りや作家ものの器などが飾られ、庭園や作品を眺めながらゆったりとくつろげる。かき氷のほか、窯焼きのピザや自家製スイーツがおすすめ。

☎0494-66-3175 住長瀞町長瀞727-1
⏰10〜18時 休不定休 交秩父鉄道長瀞駅から徒歩7分 P4台 MAP付録P6B3

決め手はコレ
果肉入りのシロップ
シロップには果肉入りで、マンゴーの味わいと食感を楽しめる

マンゴー
950円

コレもおすすめ
ほろにがキャラメル 825円
焦がしキャラメルのソースは大人の味。練乳付きでまろやかに味変

決め手はコレ
甘さ控えめの餡
かき氷の上には宇治抹茶のシロップと黒蜜、氷の中にも小豆餡がたっぷり

コレもおすすめ
黒蜜きな粉ミルク 750円
真っ白な氷に練乳がたっぷり。石臼挽きのきな粉と黒蜜を少しずつ混ぜながら味わおう

黒蜜宇治金時
850円

やはたや
八幡家
囲炉裏で過ごせる穴場のかき氷店

岩畳通り商店街にあるかき氷専門店。店内には郷土玩具やレトロなおもちゃが飾られ、どこか懐かしい雰囲気。ふわふわなかき氷のほか、冬には囲炉裏のそばで田舎しるこや甘酒なども楽しめる。

☎0494-66-0026 住長瀞町長瀞479-1
⏰10〜16時 休木曜 交秩父鉄道長瀞駅から徒歩3分 Pなし MAP付録P6C3

ちゃみせ はちべえ
茶店 八兵衛
地元産果実を凝縮してかき氷に

ジュークボックスがある店内は、昭和レトロな雰囲気。秩父や長瀞産の果実から作る自家製シロップのかき氷がおすすめ。カシスミルクなど大人向けのかき氷も提供している。小麦粉や卵、乳を使わず作るたい焼きも名物。

☎0494-26-7494 住長瀞町長瀞532-4
⏰13〜16時 休不定休 交秩父鉄道長瀞駅から徒歩2分 Pなし MAP付録P6B3

決め手はコレ
長瀞産のいちごシロップ
長瀞にある福島農園のいちごで作ったシロップは甘みと酸味が豊か

自家製梅シロップ(左) プレミアムいちご(右)
各700円

コレもおすすめ
たい焼き 1個210円
そば粉の生地はカリッとして中はもっちり。小豆餡が詰まっている

📖 阿左美冷蔵 金崎本店ではかき氷のテイクアウトも可能。テラス席はワンちゃん同伴もOKです。

華やかな極彩色の彫刻を見上げる
秩父三社の一つ、寳登山神社へ

ミシュラン・グリーンガイド・ジャポンで埼玉県初の一つ星を得た神社。
ロープウェイで奥宮まで参拝すれば、伝説の山犬にも出会えます。

ほんでん
本殿
極彩色の彫刻が見事
現在の本殿は弘化4年（18
47）から明治7年（1874）
にかけて再建されたもの。
2010年に御鎮座1900年
を記念した大改修が行わ
れ、鮮やかな彫刻が蘇った。

ほどさんじんじゃ
寳登山神社

**日本武尊により創祀された
霊験あらたかな神社**

日本武尊が東征の折に猛火に包ま
れ、多くの山犬に助けられて山頂に
たどり着いたといわれる伝説の地。
山の使いである山犬に感謝し、こ
の山に「火止山」と名付け、山頂に
神々を祀ったのが神社の始まりと
いわれている。

☎0494-66-0084 住長瀞町長瀞1828
¥拝観無料 ⊖社務所8〜17時（10〜3
月は〜16時30分）、授与品所8時30分〜
17時（10〜3月は〜16時30分）休無休
交秩父鉄道長瀞駅から徒歩15分 P40
台 MAP 付録P6B3

儒教の教え「二十四考」の物語を図案
化した彫刻（上）拝殿正面にある柱に
は睨みをきかせた龍が見られる（下）

**BEST
SEASON**

宝登山臘梅園
1月下旬〜2月中旬
宝登山の山頂一帯に広
がる宝登山臘梅園には
約1万5000㎡の敷地に
3000本の和、素心、満
月3種類のロウバイが咲
き誇る。MAP 付録P6A3

宝登山ハイキングコース

4月上旬〜中旬
長瀞駅から宝登山神
社、宝登山山頂を抜け
るハイキングコースを
歩けば、春にはソメイヨ
シノなど艶やかな花風
景を見られる。

宝登山ロープウェイで奥宮に行こう

寶登山神社の境内奥にある山麓駅と、標高497mの宝登山山頂を約5分で結ぶ。山頂駅付近では1月下旬～2月中旬にロウバイが見ごろを迎える。☎0494-66-0258
MAP 付録P6A・B3

▶毎年2月と10月の18日、7月20日には祭りが行われる

ふじやぶちじんじゃ
藤谷淵神社
長瀞地区の8社の神様

明治時代まで藤谷淵村(現在の長瀞地区)の各所にあった8社の神社を、この地に遷座して祀っている。一つの神社でたくさんの神様にお参りできるのもうれしい。

▶神社に最もゆかりの深い日本武尊社への参拝も忘れずに

やまとたけるのみことしゃ
日本武尊社
創建に関わる神様を祀る

寶登山神社を創建したと伝わる、日本武尊が祀られている。5月2日(八十八夜)に行われる奥宮祭では、ここから日本武尊の御神霊を神輿に乗せて奥宮へと向かう。

てんまんてんじんしゃ
天満天神社
学問の神が祀られた宮

学問の神様である菅原道真公を祀っている。1月下旬に行われる初天神では、地元の児童が集まり書き初めを奉納し、学業向上を願う祭典が行われる。

▶境内の最奥にあるお宮は、厳かな空気が漂う

▶絶え間なく清い水が湧き出る。手前には戦没者を祀る招魂社もある

みずじんじゃ
水神社
神様の水が流れ出る

社殿を護るように鎮座するお宮で、神楽殿の脇から湧き出る清水の神様を祀っている。

寶玉稲荷神社 / 天満天神社 / 護摩堂 / 寶登山神社 / 日本武尊社 / 玉泉寺 / 庭園 / 藤谷淵神社 / みそぎの泉 / 社務所 / 招魂社 / 水神社 / 本殿 / 御神木 / 山門 / 神楽殿 / 神札所 / 手水舎 / 車おはらい所 / 二の鳥居 / 記念館 / 相生の松 / ヤマブ寶登山売店

◀毎月15日にはお焚き上げ祭が、2月の初午には初午祭が行われる

ほうぎょくいなりじんじゃ
寶玉稲荷神社
衣食住を司る神様を祀る

御祭神である倉稲魂命(うかのみたまのみこと)は日本神話に登場する、穀物や農耕、商工業の神様として信仰を集めている。

にのとりい
二の鳥居
本殿前に立つ明神鳥居

長瀞駅交差点にある一の鳥居と同様、笠木が反り上がった明神鳥居。くぐった先の森には本殿や諸社が点在しており、厳かな雰囲気。

◀本殿に向かう階段の前に立つ白く美しい鳥居

みそぎのいずみ
みそぎの泉
本殿の裏にある聖域

日本武尊が宝登山に登る前に身を清めたといわれる泉。「玉の泉」ともよばれ、当時を偲ばせる姿が残っている。

◀現在は囲いの外からの見学のみ可能だ

📖 宝登山山頂にはニホンザルや羊、ヤギなどとふれあえる宝登山小動物公園もあります。

ココにも行きたい

長瀞のおすすめスポット

🏛 埼玉県立自然の博物館
さいたまけんりつしぜんのはくぶつかん

埼玉の古代ロマンに浸る

巨大サメ「カルカロドントンメガロドン」の復元模型などを展示した博物館。約1500年前の埼玉にいたという「パレオパラドキシア」の実物化石（国指定天然記念物）や復元骨格も見ることができる。**DATA**☎0494-66-0404 🏠長瀞町長瀞1417-1 💰入館200円 🕐9時～16時30分（7～8月は～17時） 休月曜（祝日の場合は～開館、GW、7～8月は無休） 🚃秩父鉄道上長瀞駅から徒歩5分 🅿32台 **MAP**付録P6C3

🎵 陶芸体験工房「一隅舎」ichigu-sha
とうげいたいけんこうぼう「いちぐうしゃ」

希少な長瀞焼の陶芸体験教室

初心者でも気軽に陶芸体験ができるスポット。所要 約1時間30分で湯のみや皿など、好みの作品を作ろう。作品は約2カ月で送付。**DATA**☎0494-66-0077 🏠長瀞町長瀞726 💰手びねり体験2750円～、電動ろくろ体験3300円～ 🕐9～17時（要予約で80名まで可能） 休火・水曜（祝日の場合は営業休） 🚃秩父鉄道長瀞駅から徒歩7分 🅿20台 **MAP**付録P6B3

🍴 秩父館 丹一
ちちぶかん たんいち

荒川名物の鮎料理を堪能する

明治35年（1902）創業の温泉宿、秩父館に併設された食事処。鮎めしや塩焼きがメインの鮎御膳2200円は、6～11月には生の天然鮎を使用している。鮎わっぱめし2200円など、多彩な鮎料理は開放感のあるテラス席で味わおう。**DATA**☎0494-66-0010 🏠長瀞町長瀞453-2 🕐10～16時 休12月20日～1月20日（要問合せ） 🚃秩父鉄道長瀞駅から徒歩2分 🅿20台 **MAP**付録P6C3

🍴 もみの木
もみのき

長瀞定番のくるみだれが人気

長瀞ではポピュラーなくるみだれそばを堪能できるそば処。手打ちそばに絡む濃厚ながらさらっとした口あたりのタレが、そば本来の甘みを引き立たせている。タラの芽や季節替わりの山菜や野菜を使った天ぷらの盛り合わせ1人前800円も。**DATA**☎090-3082-1569 🏠長瀞町長瀞1533-7 🕐11時～14時30分（売り切れ次第終了） 休木曜 🚃秩父鉄道上長瀞駅からすぐ 🅿10台 **MAP**付録P6C3

濃厚なタレで味わうくるみだれそば1100円

ゆったりとした座席配置のカジュアルな店内

🍴 長瀞 古沢園
ながとろ ふるさわえん

うどん作り体験も好評の食事処

緑に囲まれた山ä麓に位置する、うどん作りなどが体験できる複合施設の食事処。おすすめは郷土料理のずりあげうどん1人前990円。うどんは食べ放題で楽しめる。秩父伝統の漬け物を使ったしゃくし菜めし1650円～も人気。うどん作り体験1人1760円（要予約）。**DATA**☎0494-66-3511 🏠長瀞町井戸511-1 🕐9～17時 休不定休 🚃秩父鉄道野上駅から徒歩20分 🅿50台 **MAP**付録P6C2

🛍 ふくろや
ふくろや

餡ぎっしりの素朴なまんじゅう

古くから伝わる秩父地方独特のまんじゅう、すまんじゅう1個168円で有名な店。発酵させた米麹を加えることでできるふっくらとした生地と、北海道産小豆を使った甘さ控えめのつぶ餡との相性は抜群。こし餡の詰まった茶まんじゅう1個139円もおすすめ。**DATA**☎0494-66-0125 🏠長瀞町本野上646 🕐9～18時 休水曜不定休 🚃秩父鉄道野上駅から徒歩7分 🅿6台 **MAP**付録P6B2

🍰 お豆ふ処うめだ屋
おとうふどころうめだや

体にやさしい豆腐スイーツ

地元産を中心とした国産大豆、にがり、地元の水だけで作る無添加の豆腐や豆乳を販売している。大豆の生クリームを使用したお豆ふプリン440円は、メープルシロップで甘みをつけた人気スイーツ。おからと豆乳のドーナツ130円～も。**DATA**☎0494-66-4883 🏠長瀞町長瀞268 🕐10時30分～17時30分（ランチは11時30分～14時） 休水曜 🚃秩父鉄道長瀞駅から徒歩8分 🅿8台 **MAP**付録P6B2

🛍 豆の大沢屋
まめのおおさわや

無添加の甘納豆をみやげに

さまざまな種類の甘納豆が揃う専門店。看板商品はそら豆の甘納豆きな粉あえ250g580円。豆をひと晩ほど水に浸し、長い時間煮込んだ後に3日間糖蜜に漬け込んで仕上げる。花豆甘納豆300g580円と一緒に、三十六茶260g1150円（袋入り）も購入したい。**DATA**☎0494-66-1863 🏠長瀞町長瀞454-2 🕐9～17時 休無休 🚃秩父鉄道長瀞駅から徒歩2分 🅿10台 **MAP**付録P6C3

ノスタルジックな鉄たびへ SLパレオエクスプレスで出発

土・日曜、祝日を中心に運行する、秩父鉄道の蒸気機関車。
熊谷駅〜三峰口駅まで、56.8kmのローカル線の鉄たびでのんびり♪

秩父の山並みを背景に黒煙を上げて
走るC58形蒸気機関車

1 長瀞駅周辺の線路沿いには4月上旬にソメイヨ
シノが咲き誇る 2 御花畑駅〜三峰口駅の山間部
は11月上旬〜中旬に紅葉が見頃

出発！

熊谷駅
↓↑
武川駅
↓↑
寄居駅
↓↑
長瀞駅
↓↑
皆野駅
↓↑
秩父駅
↓↑
御花畑駅
↓↑
三峰口駅

えすえるぱれおえくすぷれす

SLパレオエクスプレス

車窓からの風景を満喫

熊谷駅から三峰口駅まで、約2時間
40分で走る蒸気機関車。途中、寄
居駅からは車窓の風景も一変し、
山河の美しい光景が広がる。休日
はのんびり鉄たびに出かけよう。

☎ 048-580-6363(秩父鉄道)

運転スケジュール▶ 3〜12月の土・日曜、祝
日を中心に運行。詳細は秩父鉄道ホームペー
ジで確認を。https://www.chichibu-
railway.co.jp

運行時刻▶ 1日往復。詳細は秩父鉄道ホー
ムページで確認を。

料金▶ 乗車区間の普通乗車券＋SL指定席
券片道740円※大人・子ども同額※熊谷駅
→三峰口駅は普通乗車券960円(大人)

販売期間・場所▶ SL指定席券／運転日の1
カ月前から出発30分前まで、「秩父鉄道SL予
約システム」にてWEB予約受付。

▼SLイラスト入りのオリジナ
ルタオル(各500円)は人気
のアイテム

オリジナルグッズ

▲オリジナル竹笛の汽笛ぶ
え1個450円もおすすめ

これしよう！

御利益を求めて
三峯神社（☞P52）へ

由緒あるパワースポット
で、自然の「気」をチャージしよう。

使いの神である
"お犬さま"

これしよう！

花の名所でもある
広大な人造湖

春は桜、秋の紅葉など四季折々の景色を楽しめる秩父湖へ。（☞P54）

これしよう！

埼玉県初の
ワイナリーへ

秩父ワイン（☞P55）で、良質なワインをみやげにしよう。

深山幽谷の幻想的な景色が広がるエリア

三峰・小鹿野

みつみね・おがの

小教院の特製
コーヒーゼリー
440円は1日20
食限定

こんなところ

秩父鉄道の終点となる三峰口駅が玄関口。秩父盆地の西側に広がる三峰と小鹿野は、奥秩父エリアともよばれ、今なお手付かずの豊かな自然が残る。山の霊気が凝縮した三峯神社には、御利益を求めて多くの参拝客が訪れる。周囲の景観に溶け込むように走る秩父鉄道SLパレオエクスプレスもおすすめ。

ａｃｃｅｓｓ

●池袋駅から
東武東上線で寄居駅まで約1時間40分、秩父鉄道に乗り換えて三峰口駅まで約1時間

問合せ
☎0494-54-2114
秩父市荒川総合支所地域振興課
☎0494-55-0707
秩父市観光協会大滝支部
☎0494-79-1100
小鹿野町観光協会
広域MAP 付録P7

50

観光のヒント

**起伏に富んだ地形のため
エリア周遊には車が必要**

秩父鉄道三峰口駅が最寄り駅になる
が、西武秩父駅などでレンタカーを借
りるのがおすすめ。険しい道も多いの
で運転には注意を。

**三十槌の氷柱の
ライトアップ**

1月下旬～2月中旬
の氷柱ライトアップ
が幻想的

秩父ジオグラビティパーク
(☞P64) **1**

大滝温泉遊湯館
(☞P71) **3**

道の駅大滝温泉
(☞P71) **2**

甲府へ
トンネル

奥秩父もみじ湖
滝沢ダム
不動滝
二十六木
トンネル
大滝げんきプラザ

秩父湖
二瀬ダム

甲府へ

中津渓谷キャンプ場
甲斐街道
大滝温泉遊湯館

三十槌
三十槌の氷柱
ウッドループ つちうちキャンプ場
奥秩父オート
キャンプ場
神庭オートキャンプ場
和田平キャンプ場

光の村養護学校
秩父自然学園

大輪

秩父湖
(☞P54) **4**

小教院
(☞P53) **6**

三峯神社
(☞P52) **5**

三峰公園

清浄の滝

秩父市

**奥秩父エリアを
ハイキング**

三峰登竜渓を歩くと
趣のある清浄の滝に
たどり着く

神社

三峯神社 三峰ビジターセンター
妙法ケ岳
▲1329

**三峯神社の近くに
ビジターセンターを発見**

三峰ビジターセンター
では周辺に生息する動
植物を紹介。

門前市沢
サメ沢
霧藻ケ峰
▲1523

卍大陽寺

0   1km
N

367
1080
御岳山
鹿甲沢
140
荒川局
荒川西小
秩父鉄道
三峰口
御花畑駅へ
秩父市街へ
37
210
140
270

おすすめコースは

5時間

三峰・小鹿野エリアを周遊
するなら車が欠かせない。
道の駅大滝温泉、秩父湖、
三峰神社などを気兼ねなく
回れる。三峯神社方面へは
三峰口駅からバスが出てい
るので時刻表をチェック。

スタート	1 遊ぶ	2 買う	3 温泉	4 見る	5 見る	6 カフェ	ゴール
秩父鉄道三峰口駅	▶ 秩父ジオグラビティパーク	▶ 道の駅大滝温泉	▶ 大滝温泉遊湯館	▶ 秩父湖	▶ 三峯神社	▶ 小教院	▶ 秩父鉄道三峰口駅
	徒歩10分	車で15分	徒歩すぐ	車で12分	車で18分	徒歩すぐ	車で40分

表情豊かな"お犬さま"をみつけに
パワースポットの三峯神社へ

神社の東に連なる雲取山、白岩山、妙法ヶ岳の美しい三つの峰が名前の由来。
日本有数のパワースポットで、自然のエネルギーをチャージしましょう。

極彩色の本殿にうっとり

みつみねじんじゃ
三峯神社

木立に囲まれた聖なる空間

古事記や日本書紀にも記され、およそ1900年前（弥生時代後期）に日本武尊が創建したと伝わる。御祭神は伊弉諾尊と伊弉冊尊。その後、修験道の修行の場となり、関東各地の武将から厚い崇敬を受けた。また、使いの神であるオオカミは、日本武尊を道案内し、その勇猛さと忠実さを認められ"お犬さま"として江戸時代に信仰が広まった。

☎0494-55-0241 住秩父市三峰298-1 時社務所9〜17時 休無休 交西武鉄道西武秩父駅から西武観光バス急行三峯神社行きで1時間15分、または秩父鉄道三峰口駅から西武観光バス急行三峯神社行きで45分、終点下車、徒歩10分 P市営駐車場利用250台 MAP付録P7下B2

彫刻がすてき

見学時間 30分

境内のお犬さま

おすすめルート
1. 遥拝殿
2. 日本武尊銅像
3. 摂末社
4. 本殿・拝殿
5. ご神木
6. 小教院

神様のお使いであるオオカミは、大口真神（オオクチノマカミ）という神名で祀られている。あらゆるものを祓い清め、さまざまな災いを除くといわれる。

ほんでん・はいでん
4 本殿・拝殿

極彩色の彫刻は必見

本殿は寛文元年（1661）に建立された一間社春日造の建物。全体に漆が塗られ、極彩色の梁や柱が煌びやかな印象だ。本殿前にある拝殿は寛政12年（1800）の建立。

拝殿には龍や鳳凰の艶やかな彫刻が見られる。社務所で申し込めば、拝殿内で祈祷も受けられる（上）拝殿内の天井には秩父の花木、百数十種類が描かれている（左）

見つけよう

拝殿左手の石畳には龍の姿が！ 待ち受けにすると運気が上がるそう。

宿坊体験のできる
大陽寺に
足を延ばそう

創建700年の大陽寺は、三峯神社に勝るとも劣らない秩父のパワースポット。坐禅堂では本格的な坐禅体験4500円ができる。宿泊は1泊2食付9500円（いずれも要予約）☎0494-54-0296 **MAP** 付録P7下C2

① 遥拝殿
ようはいでん
遠くに奥宮を望む神聖な場所

三峯神社の奥宮は妙法ヶ岳の山頂にあるため、行けない人はここから遥拝してご利益をいただく。遥拝殿からは正面岩峰の頂に奥宮を望み、さらに秩父市内を一望できる絶景スポットでもある。

境内で唯一下界を望める場所。近くには森玄黄斉作のご神犬像もある

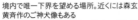

眼前には美しい山並みを望む。山頂にある奥宮を拝もう

② 日本武尊銅像
やまとたけるのみことどうぞう
堂々たる偉容の銅像

三峯神社を創始したと伝わる日本武尊の銅像は、体長5.2m、地上からの高さは15mと堂々たる姿。一段高いところから境内を見守っているかのよう。

③ 摂末社
せつまっしゃ
全国各地の神々が揃う

三峯神社にゆかりのある全国の神々を祭った全24の摂社・末社が並ぶ。伊勢神宮や諏訪神社などの神社もある。

⑤ ご神木
ごしんぼく
樹木のパワーを体感

拝殿前の石段の両脇に立つ推定樹齢800年を越える杉の古木は、御神木として知られている。

［良縁を願うならココ］

境内にあるご神木の一つに「えんむすびの木」がある。モミとヒノキがぴったりと寄り添い、まるで1本の木のように立っていることから、縁結びにご利益があるといわれている。縁結びみくじで運を占ってみよう。

⑥ 小教院
しょうきょういん
参拝の途中にコーヒーを一服

元文4年（1739）に再建された建物を、平成3年に改装してアンティークカフェとしてオープン。レトロな空間でコーヒーや紅茶を楽しみたい。
🕘9〜16時 休不定休

明治初頭の雰囲気を残している

特製コーヒーゼリー440円は1日20食限定

● お仮屋（遥宮）

えんむすびの木

⑥ 小教院 ● 興雲閣
社務所
⑤ ご神木 ④ 本殿・拝殿
③ 摂末社
② 日本武尊銅像
① 遥拝殿

大輪バス停へは徒歩約2時間
表参道
大輪バス停へ

随身門

秩父鉄道
三峰口駅へ

秩父宮記念
三峰山博物館

奥宮へは徒歩約1時間30分

鳥居

三峰神社 ♀
P
奥宮（妙法ヶ岳）
県道278号へ

278

ココにも行きたい

三峰・小鹿野のおすすめスポット

おのうちひょうちゅう
尾ノ内氷柱

期間限定の幻想的な氷景を観賞

両神山を源流とした尾ノ内沢から引水して人工的に作った氷柱。周囲約250m、高さ60mものスケールで、小鹿野の冬の風物詩にもなっている。**DATA** ☎0494-79-1100（小鹿野町おもてなし課）**住**小鹿野町河原沢 **￥**見学200円 **⏰**8〜16時（土・日曜はライトアップ日没〜20時あり）**休**1月上旬〜2月下旬公開、期間中無休 **交**関越自動車道花園ICから車で約1時間40分 **P**あり **MAP**付録P3A1

ちちぶこ
秩父湖

奥秩父連山に囲まれた人造湖

荒川の治水や発電のために利用されている二瀬ダムの建設によりできたダム湖。道路沿いには歩きやすいハイキングコースが整備されていて、春には桜、秋には紅葉など、四季折々の景色が楽しめる。**DATA** ☎0494-55-0001（二瀬ダム管理所）**住**秩父市大滝（二瀬）**￥⏰休**見学自由 **交**秩父鉄道三峰口駅から西武観光バス三峯神社行きで25分、秩父湖下車すぐ **P**20台 **MAP**付録P7下A1・2

なかつきょう
中津峡

奥秩父随一の紅葉スポット

荒川上流の中津川沿いに約10kmにわたって広がる渓谷。一帯ではイワナやヤマメなどの渓流釣りも楽しめる。10月下旬〜11月上旬の紅葉が見事で、大滑以降から中津川にかけてのエリアが特に美しい。**DATA** ☎0494-55-0707（秩父観光協会大滝支部）**住**秩父市中津川 **￥⏰休**散策自由 **交**秩父鉄道三峰口駅から西武観光バス中津川行きで50分、相原橋下車すぐ **P**なし **MAP**付録P3A2

さいのくにふれあいのもり
彩の国ふれあいの森

奥秩父の大自然とふれあう

原生林や自然景観に恵まれた中津川周辺の県有林を、学習の森、体験の森など、目的別に7つの森ゾーンとして一般開放している。敷地内にある森林科学館で情報収集して、トレッキングや野鳥観察に出かけよう。**DATA** ☎0494-56-0026（秩父市中津川）**住**447 **￥**入園無料 **⏰**9〜17時 **休**無休 **交**秩父鉄道三峰口駅から西武観光バス中津川行きで1時間、終点下車すぐ **P**55台 **MAP**付録P3A2

てうちそばみずさわ
手打ちそば水沢

石挽きのそば粉で手打ちしたそば

石臼で自家製粉したそば粉を、毎日手打ちする名店。挽きたて、打ちたて、茹でたてのそばは、コシがありそば本来の香りも楽しめる。せいろ650円が定番で、サイドメニューのそば稲荷360円、そば団子440円も人気。「荒川手打の会」の公認店。**DATA** ☎0494-54-0801 **住**秩父市荒川小野原416-1 **⏰**11〜18時 **休**水曜 **交**秩父鉄道武州日野駅から徒歩8分 **P**20台 **MAP**付録P7上B2

れすとらんとうだいもん
レストラン東大門

シェアしても楽しめる人気丼

メガ盛りメニューが豊富な精肉店直営の食事処。定番のわらじかつ丼900円や、一人では食べきれないほどのメガわらじかつ丼1600円がおすすめ。衣にカレー粉をまぶしたわらカレかつ丼950円など、ユニークなメニューも豊富。**DATA** ☎0494-75-0424 **住**小鹿野町小鹿野2806 **⏰**11〜21時（水曜は〜15時）、変動あり **休**木曜 **交**西武鉄道西武秩父駅から車で20分 **P**15台 **MAP**付録P7上B1

店内にはテーブル席や小上がり席を完備している

やなぎやりょかん
柳屋旅館

そばと山の恵みを一緒に味わおう

江戸時代から親しまれている老舗旅館で、入浴＋食事の利用もできる。主人が丹精込めて手打ちした田舎そばに、季節の山菜天ぷらやニジマスの甘露煮などが付くコース5000円〜（要予約）が人気メニュー。**DATA** ☎0494-54-0250 **住**秩父市荒川贄川2048 **⏰**11時30分〜14時30分（要問合せ）**休**平日のみ営業、要予約 **交**秩父鉄道武州日野駅から車で7分 **P**20台 **MAP**付録P7上B2

ちちぶじ
ちちぶ路

風味豊かな手打ちそば

歯ごたえと香りの高い手打ちそばが人気の店。濃厚な味わいの山グルミを擦ったクルミ入りのツユで味わう、くるみ天ざるそば1450円がおすすめ。地元でとれた季節の山菜や野菜を使った天ぷらが滋味深い。**DATA** ☎0494-54-1560 **住**秩父市荒川小野原204-2 **⏰**11時〜売り切れ次第終了 **休**火曜（祝日の場合は翌日）**交**秩父鉄道武州日野駅から徒歩15分 **P**20台 **MAP**付録P7上B2

わらじカツとみそ漬けをのせたちちメガ丼2000円

安田屋
やすだや

名物わらじかつ丼を広めた店

小鹿野町名物のわらじかつ丼900円が人気の食事処。揚げてのトンカツを醤油ベースのさっぱりとしたタレにくぐらせ、丼の上に2枚のせたボリューム満点のメニュー。サクサクの食感がクセになる。**DATA**☎0494-75-0074 **住**小鹿野町小鹿野392 **時**11時～13時30分、17～18時 **休**水曜 **交**西武鉄道西武秩父駅から西武観光バス栗尾行きで40分、原町下車、徒歩3分 **P**6台 **MAP**付録P7上B1

元六
げんろく

食事はもちろん甘味に定評あり

バラエティに富んだメニューが揃う食事処。冷たいそばでは芽そば770円や天ざるそば1452円などがおすすめ。イチゴやトマトのフレーバーが楽しめる毘沙門氷715円～も味わいたい。**DATA**☎0494-75-0456 **住**小鹿野町小鹿野824 **時**11～14時、17～21時 **休**火曜（祝日の場合は翌日）**交**西武鉄道西武秩父駅から西武観光バス栗尾行きなどで28分、泉田下車すぐ **P**25台 **MAP**付録P7上B1

ゑびすや
ゑびすや

雑味のない天然氷スイーツを

小鹿野名物のわらじかつ丼900円が自慢の食事処。そばかうどんのセットにしたわらじかつ丼セット1200円もおすすめ。5種類のフレーバーが揃った毘沙門氷では、塩付きのトマト700円が一番人気。**DATA**☎0494-75-4717 **住**小鹿野町小鹿野314 観光交流館本陣内 **時**11～15時、17～21時（日曜、祝日は11～17時）**休**月曜（祝日の場合は翌日）**交**秩父鉄道皆野駅から車で25分 **P**8台 **MAP**付録P7上B1

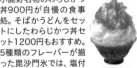

コーヒー＆パフェにしき
こーひーあんどぱふぇにしき

旬の味覚をのせたパフェが自慢

秩父市街地から少し離れた場所にたたずむ純喫茶。レトロな風情の店内では、約16種類ものパフェが味わえる。ブルーベリーとショコラの縁結びパフェ800円など、ユニークなメニューも揃う。自家焙煎コーヒー450円～と一緒に味わおう。**DATA**☎0494-54-2327 **住**秩父市荒川上田町1741-2 **時**11～17時 **休**月～木曜 **交**西武鉄道西武秩父駅から車で10分 **P**6台 **MAP**付録P7上B2

テーブルや椅子にレトロな風情を残す店内

3種類のフルーツソースがかかったにしきパフェ700円

観音茶屋
かんのんちゃや

ふんわり口あたりのよい毘沙門氷

秩父札所31番観音院の門前にある茶屋。伝統の製法で作るそばやうどん、山芋とそば粉から作る鬼ころりが名物。小鹿野町の白石山の麓から湧き出る毘沙門氷を凍らせて作る毘沙門氷が話題。秩父産完熟トマトの毘沙門氷770円は、塩をかけてさっぱりと味わおう。**DATA**☎0494-75-0907 **住**小鹿野町飯田2359 **時**10～16時 **休**無休 **交**秩父鉄道皆野駅から車で30分 **P**30台 **MAP**付録P7上A1

山深い地蔵寺の近くにたたずむ風情ある茶屋

秩父産濃厚ブルーベリーの毘沙門氷770円

秩父ワイン
ちちぶわいん

良質な素材で作ったワインを

昭和15年（1940）に誕生した埼玉県で初めてのワイナリー。寒暖差のある気候と、自然豊かな両神山麓の土壌はブドウ栽培に適しており、味わい深いワインが完成する。創業者の名前を冠にした源作ワイン360㎖770円。**DATA**☎0494-79-0629 **住**小鹿野町両神薄41 **時**9～17時 **休**無休 **交**西武鉄道西武秩父駅から町営バス上野沢行きで40分、小沢口下車、徒歩10分 **P**20台 **MAP**付録P7上B1

素朴で温もりあるたたずまい
秩父三十四ヶ所の観音霊場へ

秩父盆地の静かな山村に、秩父三十四ヶ所の観音霊場が点在します。
四季折々の木々や草花を愛でながら、札所を訪れてみませんか？

Q 札所巡りってなに？

A 観音様を祭る霊場を巡礼すること。古くは巡礼の証として名前を書いた木札をお堂の柱や天井に打ち付けたため札所とよばれている。

Q 札所巡りは一番から順番に回るもの？

A 順番に決まりはなく、どこから回っても構わない。日数の制限もないので、何日かけて巡っても大丈夫。

Q 決まりの服装はある？

A 白衣に菅笠をかぶり、金剛杖を持つのが正装とされるが、厳密な決まりはないので、清楚な服装と歩きやすい靴で回ろう。巡礼用品は札所十三番・慈眼寺などでも扱っている。

Q 笠などに書かれる同行二人ってなに？

A 観音霊場巡りは、常に観音様が一緒という意味。納札（納め札）にご先祖様や供養したい人の名前を書くと、一緒に巡礼していることになる。

Q 御朱印はいつもらえばいい？

A かつては写経を納めた証に宝印を御朱印帳などにもらっていた。今ではお堂の前でお経を唱えた証として御朱印を受けられる。お経を唱えられなくても、唱えようとする気持ちが大切。御朱印はお参りしてから受けよう。

Q 三十四ヶ所すべて巡るにはどれくらいかかる？

A 札所一番四萬部寺から札所三十四番水潜寺まですべての寺を一巡すると、約100kmになる。車を効率よく使っても2～3日。鉄道やバスを利用するなら1週間はみておきたい。

Q 参拝の仕方は？

A ①山門で一礼②水屋で口と手を清める③鐘楼で鐘を撞く④写経とお札を納める⑤お灯明・お線香をあげる⑥合掌して読経する⑦納経所で納経帳などに御朱印を受ける⑧山門を出て本堂・観音堂に向かい一礼する

秩父鉄道秩父駅周辺の五霊場へ

じょうりんじ
定林寺

かつては一番札所だった寺。本堂の手前にある梵鐘は鉦の音のすばらしさから秩父三名鐘の一つといわれる。アニメ『あの日見た花の名前を僕達はまだ知らない。』(☞P36)にも登場した。

☎0494-22-6857 🏠秩父市桜木町21-3 ¥⏰🈲境内自由 🚃秩父鉄道秩父駅から徒歩12分 🅿10台 MAP付録P5B1

▲本堂に祭られている御本尊は十一面観音

しょうりんじ
少林寺

漆喰塗籠土蔵造の本堂が印象的。土蔵造の本堂は秩父札所内でここだけ。本堂内には観音経を絵解きした16枚の色彩彫刻や16観音像がある。4月にはシダレ桜が美しい。

☎0494-22-3541 🏠秩父市番場町7-9 ¥⏰🈲境内自由 🚃秩父鉄道秩父駅から徒歩5分 🅿20台 MAP付録P5B2

▲本堂に掲げられた色彩豊かな欄間にも注目

さいこうじ
西光寺

お札を納める納札堂や仏足石などみどころの多い寺。四国八十八ヶ所霊場の御本尊の写しを奉祀した回廊堂があり、入ると陳列ケースに古い納札が展示されている。

☎0494-22-4444 🏠秩父市中村町4-8-21 ¥⏰🈲境内自由 🚃秩父鉄道秩父駅から徒歩12分 🅿50台 MAP付録P5A2

▲本堂正面には釈迦涅槃の彫刻が見られる

いまみやぼう
今宮坊

今宮神社の近くにある観音堂。秩父札所唯一の輪廻塔があり、お経が刻まれた円盤を回すと、生者は最高の幸せが約束され、亡者は地獄から天国に生まれ変わるといわれる。

☎0494-22-4772 🏠秩父市中町25-12 ¥⏰🈲境内自由 🚃秩父鉄道御花畑駅から徒歩7分 🅿8台 MAP付録P5A2

▲御本尊は半跏趺坐で雲の中から現れる聖観音像

じげんじ
慈眼寺

本堂は明治34年(1901)に一番札所の本堂を模して再建された。境内には目の健康にご利益があるといわれる薬師堂、一切経1630巻が納められた輪蔵がある経蔵などがある。

☎0494-23-6813 🏠秩父市東町26-7 ¥⏰🈲境内自由 🚃秩父鉄道御花畑駅から徒歩2分 🅿15台 MAP付録P5B3

▲納経所には札所めぐりのパンフレットもある

御朱印めぐりも楽しい

秩父札所三十四ヶ所の寺社では、納経所で御朱印をいただける。心静かに参詣した後は、御朱印帳を持参して納経所へ。寺院によって押印のデザインや墨書きの言葉はさまざま。御朱印が集まるたびにご利益もアップしそう。

ほかの霊場リスト
✓ 大慈寺 ☞P37
✓ 橋立堂 ☞P62

57

秩父周辺のご利益スポットで 見た目キュートなお守りを授かる

お犬様やご神木のパワーが込められたありがたいお守り。
見た目もかわいらしいお守りで、強力パワーを持ち帰りましょう。

知恵梟守 A
800円
知恵のシンボルであるフクロウがモチーフ。学業成就などのご利益がある

フクロウが知恵を授ける

ご縁を結ぶ4色のお守り

縁結び B
700円
昭和天皇ご成婚記念植樹の「相生の松」にちなんで長寿・福寿を祈願したお守り

境内のパワーを感じられる

氣の御守（神木入り） C
1000円
三峯山の霊気とご神木の「氣」が封入され、勝利、成功へと導いてくれる

社殿彫刻根付守 A
800円
社殿彫刻をかたどった3匹の猿の表情がユーモラス。身につけて幸運を授かろう

3匹の猿がとにかくかわいい

登竜門の彫刻がお守りの飾りに

吉祥寶守 B
1000円
持つ人の祈り（鯉）が成就（龍）するようにという祈りが込められている

小御影守 C
500円
オオカミがすべての災厄から守ってくれるというありがたいお守り

描かれているのは2頭のオオカミ

ちちぶじんじゃ
秩父神社 A

本殿には知恵の神様とされる八意思兼命をはじめ、四柱の神々を祀る。学業成就や合格祈願にご利益があるとされ、「知恵梟守」など学業にまつわるお守りが受けられる。「よく見て・よく聞いて・よく話す」のお元気三猿は徳川家康公が奉納したものといわれている。

 DATA P20

ほどさんじんじゃ
寶登山神社 B

日本武尊ゆかりの由緒ある神社。神日本磐余彦尊（神武天皇）、大山祇神、火産霊神の御三柱を祀っている。授与所では火除けや家内安全、交通安全などのお守りをはじめ、ランドセル型のお守りや、水琴鈴の音色が邪気を払う雫守なども受けられる。

 DATA P46

みつみねじんじゃ
三峯神社 C

1900年前に創祀されたと伝わり、御祭神は伊弉諾尊と伊弉冊尊。神の使いである狼は大口真神（御眷属様ともよばれる）と崇拝され、あらゆるものを祓い清め、災いを除くといわれている。授与所では大口真神のパワーが込められたお札やお守りを受けられる。

 DATA P52

見たいモノ、やりたいコト…
気分に任せて行き先を決めましょう

四季折々の美しい景色を愛でるもよし、
大自然を舞台にアドベンチャーするもよし。
長瀞ライン下りやグランピングなど、他では味わえない
大興奮の一日が待っています。

この景色をひと目見たい！
秩父の絶景スポットに出かけましょう

この季節、この時間にしか見られない、人々を魅了する絶景スポット。
雲海、季節の花々など、非日常の美しい光景に感動します。

ここがみどころ！

雲海は4月と11月の日の出から7時まで、前日に湿度が高く当日は晴れの日に発生しやすい

ちちぶみゅーずぱーく
秩父ミューズパーク

幻想的な雲海や季節の花々を眺める

▶林間広場のスイセン広場では約6万株のスイセンが開花する。4月上旬〜中旬が見ごろ

秩父市と小鹿野町にまたがる広大な公園。園内はスポーツの森ゾーン、音楽の森ゾーン、文化の森ゾーンに分かれ、さまざまなレジャーを楽しめる。花の名所としても知られ、梅、チューリップ、スイセン、シャクナゲなど、四季折々の花が園を彩る。

☎0494-25-1315 住小鹿野町長留2518 🕐🅿休園内自由 交秩父鉄道秩父駅から車で15分 🅿1600台 MAP付録P4A4

◀旅立ちの丘の展望デッキは夜景スポットとしても有名 ▶ギリシャ神殿をイメージしたミューズの泉は水に親しめる空間

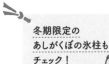

冬期限定の
あしがくぼの氷柱も
チェック！

1～2月にかけて見ることができる、自然が
造り上げた氷の芸術。土・日曜、祝日には
18～20時までライトアップ（変動あり）が
行われ、あたりは幻想的な光景に包まれる。
☎0494-25-0450（横瀬町ブコーさん
観光案内所）**MAP**付録P4C4

ここがみどころ！
園内の一角にあるアジ
サイ園では、6月下旬～
7月上旬に一面を鮮や
かに彩る

みのやまこうえん
美の山公園

季節の花、雲海、夜景も楽しめる

標高約582mの蓑山山頂に整備された自然公園。
秩父の山々や市街地を見下ろす絶景スポットとして
も知られ、3カ所ある展望台からそれぞれの眺望が
楽しめる。☎0494-23-1511（埼玉県秩父環境管理事務所）
住秩父市黒谷2372 **¥⏰休**園内自由 **交**秩父鉄道皆野駅か
ら車で15分 **P**109台 **MAP**付録P4C2

1 アジサイ園地ではのんびり散策しながら花を愛でよう **2** 4月上旬のソメイヨシノ、4
月中旬～下旬のヤマザクラも見応えあり **3** 桜、アジサイ、紅葉と一緒に見られる季節
ごとに異なる雲海のロケーションも見事

てらさかたなだ
寺坂棚田

**真っ赤な彼岸花と
棚田が織り成す風景**

県内最大級の棚田に、9月
上旬～下旬にかけて彼岸
花が咲く。武甲山と黄金色
の稲穂を背景に、朱色や白色の彼岸花が鮮烈に映える。
☎0494-25-0450（横瀬町ブコーさん観光案内所）**住**横瀬町横瀬
1868 **¥⏰休**散策自由 **交**西武秩父線横瀬駅から徒歩15分 **P**20台
MAP付録P4B4

▼7～8月にかけて棚田一面は鮮
やかな緑におおわれる

▲岩畳一周コースにあ
る公園なども紅葉スポッ
トとして有名なので周辺
を歩いてみよう

ここがみどころ！
秩父鉄道長瀞ラインく
だりでは、紅葉ポイント
で少しゆっくり運行して
くれる

いわだたみ
岩畳

奇岩を覆う紅葉を船上から見上げよう

荒川沿いのモミジ、クヌギ、ナラなどが色付く長瀞渓谷。約
500mにわたって続く岩畳周辺は特に美しく、船上からも
楽しめるとあって多くの人が訪れる。☎0494-66-0307（長
瀞町観光案内所）**住**長瀞町長瀞 **¥⏰休**散策自由 **交**秩父鉄道長瀞
駅から徒歩5分 **P**なし **MAP**付録P6C3

ここがみどころ！
ゆるやかな丘陵の棚田
周辺では、少し高い位
置から見下ろすとより美
しい光景が広がる

▲人手の入っている場所に群生する彼岸花
はあぜ道一帯を華やかに彩る

冒険心をくすぐる空間へ潜入♪
自然の造形美あふれる橋立鍾乳洞へ

石灰岩が長い年月を経て侵食してできた橋立鍾乳洞は
埼玉県内で唯一の観光できる洞窟です。

はしだてしょうにゅうどう
橋立鍾乳洞

縦穴型の鍾乳洞で
自然の神秘を体験

埼玉県内で唯一の観光洞であり、国内
でも珍しい縦穴型の鍾乳洞。武甲山の
一部が侵食されてできたもので、洞内
の長さは約140m。狭い通路を身をか
がめて奥に進んだ後は、出口まで約
33mの高さを上る。洞内には鍾乳石や
石筍、石柱などが奇怪な文様をなして
いる。埼玉県の天然記念物で、秩父札
所二十八番の橋立堂に隣接している。

☎0494-24-5399 🏠秩父市上影森675
🕐8〜17時（11・12月は〜16時、見学は3月〜
12月上旬）🅟期間中無休 🚃秩父鉄道浦山口
駅から徒歩15分 🅿30台 MAP 付録P4A4

▲石段を上がった場所に朱塗りの観音
堂が立つ。洞窟を散策する前にお参りし
よう

▲上り下りの激しい地形なので、動き
やすい服装と靴で訪れよう ◀洞内の
急なハシゴや狭い場所を抜け、ここが
ゴール

武甲山西麓の裏山川に面した場所に、約80mの
大岩壁がそびえる

▲受付を済ませたら階段を下って
洞窟の入口へ。ここから鍾乳
洞を上る

周辺にある！癒やしのカフェ

じゅりんずじお
JURIN's GEO

スペシャルなコーヒーを

コーヒーはすべて世界的称号を持つ農園の豆を使用。
豆本来の香りと味を引き立てるように焙煎、抽出にもこ
だわっている。スキレットパンケーキやサンドイッチもお
すすめ。

☎0494-25-5511 🏠秩父市上影森673-1 🕐9時30分〜17時
🅟水曜（祝日の場合は営業）🚃秩父鉄道浦山口駅から徒歩15分
🅿15台 MAP 付録P4A4

▲チョコレートブーケ770円（夏
期は休止）。ラングドシャ入りの5
種類のチョコレートが花束のよう
◀かき氷とアイスコーヒーを一緒
に楽しめる淡雪880円

日本地質学発祥の地、秩父で学ぶ
ロマンあふれるジオパークめぐり

雄大な地形や歴史、文化を学べるジオパーク。
太古から続く秩父のジオストーリーを体感しましょう。

秩父地域の5市町エリアにまたがる
豊かな大地の育みを体感しよう

ジオパーク秩父は、秩父地域1市4町（秩父市、横瀬町、皆野町、長瀞町、小鹿野町）をエリアとし、2011年にジオパークとして認定された。「ジオパーク」という言葉は「地球・大地（ジオ）」と「公園（パーク）」を組み合わせた造語。地質学的に価値のあるサイトや景観が保全、教育、持続可能な開発などを含んだ総合的なアプローチで管理運営されている地域を指している。

埼玉県西部にある秩父地域は、2000m級の奥秩父山地、北を上武山地、東を外秩父山地に囲まれ、河成段丘の階段状の平坦地が広がる。歴史的資源も数多いことで知られ、旧石器から戦国時代の遺跡古墳群、和銅に関する遺跡、秩父三社、さらに秩父夜祭を代表とする祭礼行事など地域性の高い文化遺産も存在する。

また、大正時代に指定された「長瀞の岩畳」をはじめ、「前原の不整合」や「取方の大露頭」など6つの露頭と、「パレオパラドキシア」「チチブクジラ」など9件の化石標本が、国指定天然記念物であることにも注目したい。

ジオパーク秩父の歴史的、文化的な多くの資源を紹介するため、現在「秩父まるごとジオパーク推進協議会」が中心となり、NPO団体が主催するガイドツアーや、学校における体験学習、自治会や公民館での講座など、ジオパークに関する住民による活動が盛んに行われている。

ジオパーク秩父の
モデルコース

ジオサイトとはその価値が学術的に認められた地質・地形に関する自然遺産であり、保護・保全しながら活用を図る場所のこと。ジオパーク秩父は大きく4つのエリアに分けられ、34カ所のジオサイトが点在している。

ジオパーク秩父のホームページでは、34カ所のジオサイトを効率よく散策できるモデルコースを紹介。地質や地形、文化などどんなことを知りたいかによって好みのコースを選択できる。秩父・横瀬エリアでは「秩父の米どころと名勝・長瀞を訪ねるコース」、荒川・大滝エリアでは「奥秩父まるごと体感コース」、長瀞・皆野エリアでは「ツウが楽しむ長瀞コース」、吉田・小鹿野・両神エリアでは「秩父盆地西側の見どころコース」など。そのほか歴史を学ぶジオストーリー別や、交通手段で選ぶ移動手段別、観光名所・グルメも一緒などのモデルコースもあるので、旅のプランに合わせて参考にしたい。

じおぱーくちちぶじむきょく
ジオパーク秩父事務局

ジオパークのプロフェッショナル

秩父地域内でガイド活動をしている団体が多数登録され、それぞれ得意分野を持つ専門家が所属している。秩父案内人倶楽部のガイドさんと一緒に名所・見どころをめぐれば、より深くジオパーク秩父を楽しめる。事前に知りたいことや開始・終了時間などポイントをおさえ、問い合わせてみよう。

☎0494-26-5511 住秩父市熊木町9-5秩父ビジネスプラザ 営8時30分〜17時15分 休土・日曜、祝日 交西武鉄道西武秩父駅から徒歩2分 P6台

秩父の森を全身で満喫する
大迫力のアクティビティ体験

豊かな自然をフィールドに、冒険心をくすぐるアクティビティに挑戦！
秩父の森では今まで経験したことのない新感覚のスリルを体感できます。

地上57mで宙ぶらりんになった後、スイング
落下。深い渓谷を2〜3秒で疾走する

ちちぶじおぐらびてぃぱーく
秩父ジオグラビティパーク

絶景の重力系アドベンチャーパーク

荒川渓谷を舞台にさまざまなアクティビティを体感できる施設。高さ50m以上のぐらぐら揺れる吊り橋を渡るキャニオンウォークや、渓谷を往復横断するジップラインのキャニオンフライなどが楽しめる。スリル満点のキャニオンスイングは、ソロでもタンデムでも楽しめるバンジーブランコ。

☎050-5305-6176 住秩父市荒川贄川730-4 ¥キャニオンウォーク＆フライ3500円、キャニオンスイング1万2000円、キャニオンバンジー1万4000円 ⏰10〜17時（季節により変動あり）休不定休 交秩父鉄道三峰口駅から徒歩10分 P有料利用 MAP付録P7下C1

ハーネスをしっかり装着
して挑戦しよう

全長約100mのキャニオンフライもおすすめ

▲高さ50m以上の吊り橋を命綱一本で渡すキャニオンウォーク ◀上下左右に揺れる吊り橋はスリル満点

子どもでも楽しめる
トランポリン

ソト遊びの森では小さな子どもでも楽しめるビッグトランポリン15分500円がおすすめ。ほかに、14のターゲットを回るビームライフルシューティング1時間3000円にもチャレンジしたい。

1 高所に架かる吊り輪は、バランスをとりながら慎重に歩こう
2 ハーネスを付けて安全講習を受けたら高所のアスレチックへ

1 インストラクターの指導のもと仲間たちと秩父の森へ出発
2 基本的な操縦方法や運転のコツなども丁寧に教えてくれる

ふぉれすとあどべんちゃー・ちちぶ
フォレスト
アドベンチャー・秩父

木々の中に整備された7サイトを制覇する

秩父ミューズパークのスポーツの森に設置された自然共生型のアウトドアパーク。園内には7サイト38アクティビティを備え、谷を越える7本のジップスライドがある。専用のハーネスを装着し、アスレチックに挑戦！

☎070-5567-3335 **住**秩父市久那637-2 **Y**アドベンチャーコース3800円 **時**9時〜日没 **休**不定休 **交**西武鉄道西武秩父駅から車で20分 **P**200台 **MAP**付録P7上B1

\ ココがオススメ /

ジップスライドで森の中を疾走しよう

ばぎーとれっくあどべんちゃー
バギートレック
アドベンチャー

木々の中を爽快にオフロード走行

秩父ミューズパークの一角、ソト遊びの森で実施しているアクティビティ。安全講習を受けたら起伏に富んだバギーコースへ。途中、フリーゾーンもあるので、誰でも安全に走行体験が楽しめる。ルールを守って参加しよう。

☎070-5015-3335（ソト遊びの森）**住**小鹿野町長留1129秩父ミューズパーク内 **Y**バギー45分5500円 **時**9〜17時 **休**不定休 **交**秩父鉄道秩父駅から車で15分 **P**600台 **MAP**付録P7上B1

\ 親子で挑戦！ /

6〜10歳の子どもは、大人と一緒にタンデム走行となる

おでかけ ● 大迫力のアクティビティ体験

大好きなイチゴ、ブドウを思いっきり食べたい
期間限定のフルーツ狩り体験

豊かな自然に恵まれた秩父には観光農園が点在。
イチゴ、ブドウを中心に季節ごとの食べ放題を楽しもう。

秩父いちご

秩父
ちちぶふるーつふぁーむ
秩父フルーツファーム

粒の大きなブドウを食べ放題

ヒムロットや巨峰、シャインマスカットなどのブドウ狩りが好評。紅ほっぺやおいCベリーなど高設栽培のイチゴ狩りも楽しめる。

☎0494-23-2711 🏠秩父市下影森877-1 💴イチゴ狩り食べ放題30分1300～2000円、ブドウ食べ放題30分1500～3000円 🕘9時30分～15時 🈺開催期間は要問合せ 🚃西武鉄道西武秩父駅から車で5分 🅿30台 **MAP**付録P4B4

ブドウ食べ放題
30分1500円～
8月上旬のヒムロットを皮切りに、11月上旬まで楽しめる

◀2品種以上のイチゴ食べ放題30分1300円～

イチゴ食べ放題
30分1200円～
あ月～5月下旬まで、大粒で甘みの強いやよいひめが食べ放題

◀市街地からもほど近い便利な体験施設

秩父
やぎかんこうのうえん
八木観光農園

家族連れにも好評の観光農園

ヤギやウサギにもふれあえる観光農園。8月上旬～10月のブドウ狩りでは、20品種以上のブドウを食べ放題で味わえる。

☎0494-23-9035 🏠秩父市寺尾3287 💴イチゴ狩り食べ放題30分1300円～、ブドウ狩り食べ放題30分1500円～ 🕘10～16時 🈺不定休 🚃西武鉄道西武秩父駅から車で5分 🅿50台 **MAP**付録P4B3

秩父
まさかどえん
将門園

約10種類のブドウが楽しめる

奥秩父の山々の稜線を借景に収穫体験できるスポット。8月中旬～10月上旬のブドウの直売や、1～5月のイチゴ狩りが楽しめる。

☎0494-54-1699 🏠秩父市荒川日野584 💴イチゴ狩り食べ放題30分1300円～ 🕘9～16時（イチゴは変動の場合あり）🈺不定休 🚃秩父鉄道武州日野駅から徒歩10分 🅿15台 **MAP**付録P4A4

イチゴ狩り
30分1300円～
1～5月まで紅ほっぺ、やよいひめを食べ放題で味わえる

◀ちちぶ山ルビーの直売も楽しみ

固有品種の
ちちぶ山ルビー
も摘み取れる

秩父限定品種「ちちぶ山ルビー」は、生産量が少なくあまり市場に出回らない幻のブドウ。楕円で細長い果実は糖度が高く、鮮やかなルビー色が特徴。秩父にある農園によっては、収穫体験できるスポットもある。

横瀬
こまつざわれじゃーのうえん
小松沢レジャー農園

遊び方自在の観光スポット

多彩な収穫体験をはじめ、マス釣りやそば打ち（要予約）なども楽しめる農園。収穫体験とBBQのセットなどもお得。

☎0494-24-0412 🏠横瀬町横瀬1408 💴イチゴ狩り食べ放題30分1200円〜 🕐10〜16時 📅不定休 🚉西武鉄道横瀬駅から徒歩30分（無料送迎あり）🅿140台 🗺付録P4C4

イチゴ食べ放題
30分1500円〜
12月中旬〜6月中旬まで、とちおとめ、紅ほっぺ、やよいひめが味わえる

◀さまざまな体験で一日中楽しめるレジャースポット

ブドウ狩り
30分1000円〜
8月中旬〜10月中旬まで、農園によって品種は異なるので事前に要確認

◀素朴な山あいに点在する農園で体験しよう

横瀬
あしがくぼかじゅこうえんむら
あしがくぼ果樹公園村

道の駅を起点に旬のスポットへ

横瀬町にある日向山の南斜面に点在する11軒の農園が集まった果樹公園村。年間を通してさまざまな果物の収穫を体験できる。

☎0494-25-0450（横瀬町ブコーさん観光案内所）🏠横瀬町芦ヶ久保 💴📅🕐農園により異なる 🚉西武鉄道芦ヶ久保駅から徒歩5〜60分 🅿農園により異なる 🗺付録P4C4

長瀞
ぶどうこうぼうおいこす
ぶどう工房OIKOS

希少な品種のブドウを堪能

皮ごと食べられるシャインマスカットや、濃厚なブラックオリンピアなど、ここでしか味わえない品種が豊富。食べ比べも楽しい。

☎090-3564-2311 🏠長瀞町井戸600 💴ブドウ狩り食べ放題2500円 🕐10〜12時、13〜16時 📅不定休 🚉秩父鉄道野上駅から徒歩20分 🅿20台 🗺付録P6C2

ブドウ狩り
30分2500円
9月中旬〜10月下旬まで、シャインマスカットをはじめ、希少品種が揃う

◀直売もしているのでみやげにもおすすめ

個性的なお風呂を楽しむならここ！
エンタメ系の入浴施設

秩父の温泉施設には、レストランやお休み処など湯上がりの楽しみもいっぱい。
秩父ならではの郷土料理や、季節ごとのメニューにも注目です。

秩父

せいぶちちぶえきまえおんせん
まつりのゆ

西武秩父駅前温泉
祭の湯

秩父の「祭」がテーマ
魅力あふれる温泉施設

西武秩父駅直結の複合温泉施設。温泉エリアには秩父の山並みを見渡す露天風呂をはじめ、高濃度人工炭酸泉やシルク湯、岩盤浴などが備わる。秩父名物を堪能できるフードコートも併設。

☎0494-22-7111 🏠秩父市野坂町1-16-15 🕐10〜22時（最終受付21時30分）、祝前日、特定日は〜24時）🈺無休（メンテナンス休業あり）🚃西武鉄道西武秩父駅からすぐ 🅿39台 ●泉質／含よう素-ナトリウム-塩化物冷鉱泉 🗺付録P5B3

▲花見湯や岩風呂を備えた開放感あふれる露天風呂

∴ 立 ち 寄 り 料 金 ∴
990円〜（岩盤浴は390円〜）

∴露天風呂 8	∴シャンプー ○
∴貸切風呂 0	∴石けん／ボディソープ ○
∴内湯 4	∴フェイスタオル+バスタオルセット 1220円〜
∴休憩室 ○	∴ドライヤー ○
∴食事処 ○	

こうやってくつろぎましょう

くつろぎ処

テレビ、コンセント付きのリクライナーを備え、ゆったりくつろげる。

プレミアムラウンジ

座席指定制の有料ラウンジでは、半個室のリクライナーで周りを気にせず休憩できる。

寝ころび湯

露天風呂エリアの「寝ころび湯」では、浅い湯船に横になってリラックス。

◀露天風呂エリアからは武甲山を眺め眺望抜群！陶製の湯船でくつろげる「つぼ湯」

▲内湯エリアには高濃度人工炭酸泉、シルク湯など3種類の風呂を楽しめる

🈺温め効果 🈲角質落とし 潤潤いを与える 🈳血流UP 🈹美白効果 🈶肌の引き締め 🈚肌すべすべ

星音の湯には
宿泊施設も
隣接しています

隣接する「星音の宿ばいえる」は、天然自家源泉と豊かな自然に囲まれた温泉付き宿泊施設。広々とした和洋室や和室を備え、グループやファミリーにもおすすめ。通常プランは朝食と星音の湯の入館券1枚付きで7700円〜。
☎0494-77-1500 **MAP**付録P4A2

▲自然の岩を大胆に配置した岩露天風呂の「月の石」

秩父
てんねんじかげんせん せいねのゆ

天然自家源泉 星音の湯

人気旅館が手掛ける
秩父長瀞最大級の温泉施設

ここでしか味わえないぜいたくな天然温泉に、岩盤浴、サウナ、エステ、個室食事処と揃った旅館のような風情がある温泉施設。寝ころび処や足湯でリラックスできる。レストランでは味噌豚丼や秩父そばなど、地のものを使った多彩なメニューが楽しめる。
☎0494-77-1188 **住**秩父市下吉田468
時10〜22時（週末は変動あり）**休**不定休
交秩父鉄道長瀞駅または西武鉄道西武秩父駅から無料シャトルバスあり **P**100台
●泉質／炭酸水素塩泉 **MAP**付録P4A2

秩父・長瀞の温泉 ● エンタメ系の入浴施設

·· 立ち寄り料金（入館料）··
930円〜
（タオルセット・館内着付き、17時以降はタオルセット付き730円〜）

✛露天風呂 2	✛シャンプー ○
✛貸切風呂 2	✛石けん ○
✛内湯 2	✛ボディソープ ○
✛休憩室 ○	✛タオルセット ○
✛食事処 ○	✛ドライヤー ○

▲檜風呂と岩風呂は週替わりで男女入れ替え制

こうやってくつろぎましょう

中庭

湯上りに自然の心地よい風を体感できる癒やしのスペース。

寝ころび処

備え付けのヘッドフォンからはヒーリングミュージックが流れゆったりくつろげる。

神川町
おふろかふぇ はくじゅのゆ

おふろcafé
白寿の湯

鉄分豊富な褐色の湯で
本格的な湯治体験

地下750mの古生層から湧出する天然温泉を使用し、見晴らしのよい露天風呂と高温の内湯を備えている。食事処では糀・醤油・味噌を活用した料理を味わえる。

·· 立ち寄り料金（入館料）··
780円〜
（21時以降は450円〜）

✛露天風呂 4	✛シャンプー ×
✛貸切風呂 ×	✛石けん ○ ボディソープ ×
✛内湯 2	✛フェイスタオル 200円
✛休憩室 ×	✛バスタオル 350円〜
✛食事処 ×	✛ドライヤー ○

☎0274-52-3771 **住**神川町渡瀬337-1
時10〜23時（最終入館は22時30分）**休**不定休 **交**JR本庄駅から朝日バス神泉総合支所行きで40分、下渡瀬下車すぐ **P**150台 ●泉質／ナトリウム・塩化物強塩泉
MAP付録P3B1

◀女性浴室では特製糀泥パックを無料で提供している

▼源泉は鉄分を多く含み、空気にふれ熱を加えると褐色になる

四季折々の景色を贅沢に眺める
絶景自慢の日帰り湯へ

秩父のドライブ途中に日帰り温泉でリフレッシュ。
なめらかな湯に浸かり、つるつるのお肌で帰りましょう。

＊コレでキレイに！＊
濃度が高い重曹泉は、肌を
なめらかにする美肌の湯と
して知られる

秩父

ちちぶかわばたおんせん ぼんのゆ
秩父川端温泉 梵の湯

上質な源泉を満喫できる

重曹泉が湧出する、山々に囲まれた日
帰り温泉施設。無色透明の温泉は、肌
を滑らかにし、入浴後の爽快感は抜群
だ。個室付き貸切風呂（3時間以内
4200円、入館料別）もおすすめ。エン
トランスや通路など館内はすべて畳敷
きになっているため、冬でも暖かい。

☎0494-62-0620 住秩父市小柱309-1 時
9～22時 休無休 交秩父鉄道皆野駅から車で
5分 P75台 ●泉質／ナトリウム塩化物・炭酸
水素塩冷鉱泉 MAP付録P4B2

冷泉を加温して湯
船に注いでいる
荒川のせせらぎが
心地よい露天風呂

```
‥ 立ち寄り料金 ‥
      880円～
✧ 露天風呂 2   ✧ 内湯 2
✧ 貸し切り風呂 2
✧ 休憩室 ○    ✧ 食事処 ○
✧ シャンプー ○
✧ 石けん／ボディソープ ○
✧ フェイスタオル 150円
✧ バスタオル 200円
✧ ドライヤー ○
```

皆野

ちちぶおんせん まんがんのゆ
秩父温泉 満願の湯

極めて高いアルカリ性の温泉

日野沢川の美しい渓谷沿いにある日
帰り温泉。露天風呂からは眼下に渓
谷を望み、全長15mの「満願の滝」を
眺めることができる。湯船には源泉
100％の温泉がはられ、アルカリ性の
なめらかな湯を楽しめる。

☎0494-62-3026 住皆野町下日
野沢4000 時10～21時 休無休 交
秩父鉄道皆野駅から町営バス日野沢
行きで15分、秩父温泉前下車すぐ
P200台 ●泉質／アルカリ性、冷鉱
泉 MAP付録P4B2

```
‥ 立ち寄り料金 ‥
      850円～
✧ 露天風呂 3
✧ 貸切風呂 0   内湯 2
✧ 休憩室 ✧    ✧ 食事処 ○
✧ シャンプー ○
✧ ボディソープ ○
✧ フェイスタオル ○
✧ バスタオル ○
✧ ドライヤー ○
```

＊コレでキレイに！＊
初夏は新緑に包まれる
「黄金の湯」は、マイナスイ
オンがいっぱい

露天風呂には2
つの湯船がある

温め効果 角質落とし 潤 潤いを与える 血流UP 美白効果 肌の引き締め 肌すべすべ

内風呂では異なる温泉の違いを楽しめる

✦コレでキレイに！
天然の岩を配した露天風呂では、自然の素朴な雰囲気を堪能できる

横瀬

ちちぶゆもと ぶこうおんせん

秩父湯元 武甲温泉

2種類の温泉で美肌を目指そう

武甲山の麓にある美肌の湯として知られる温泉。木々に囲まれた露天風呂には単純硫黄泉が、大浴場の小浴槽には炭酸泉がはられ、効能あふれる2種類の温泉を楽しめる。湯上りにはそよ風が心地よいウッドデッキや、大広間でくつろぎたい。別館では宿泊も可能だ。

☎0494-25-5151 🏠横瀬町横瀬4628-3 🕐10〜21時 休無休 交西武鉄道横瀬駅から徒歩10分 P150台 ●泉質／単純硫黄泉、炭酸泉 MAP付録P4B4

╭┈ 立ち寄り料金 ┈╮
700円〜
+ 露天風呂 2 ＋ 内湯 2
+ 貸し切り風呂 0
+ 休憩室 ○ ＋ 食事処 ○
+ シャンプー ○
+ ボディソープ ○
+ フェイスタオル ○
+ バスタオル ○
+ ドライヤー ○

✦コレでキレイに！
無色透明のアルカリ性の温泉はなめらかな感触。肌にやさしい

展望風呂からは窓越しに山並みを眺める

╭┈ 立ち寄り料金 ┈╮
600円
+ 露天風呂 0 ＋ 内湯 2
+ 貸し切り風呂 0
+ 休憩室 ○ ＋ 食事処 ○
+ シャンプー ○
+ ボディソープ ○
+ フェイスタオル 200円
+ バスタオル 700円
+ ドライヤー ○

小鹿野

りょうかみおんせん やくしのゆ

両神温泉 薬師の湯

道の駅併設の癒やしの湯

地中600mから湧出するアルカリ温泉は肌がツルツルになると評判。秩父の雄大な山々を望める展望風呂で、鳥のさえずりをBGMにリフレッシュしよう。併設する道の駅では小鹿野町の特産品を販売している。

☎0494-79-1533 🏠小鹿野町両神薄2380 🕐10〜20時 休火曜(祝日の場合は翌日) 交秩父鉄道三峰口駅から車で10分 P100台 ●泉質／アルカリ性単純泉 MAP付録P7上A1

✦コレでキレイに！
弱アルカリ性で、ナトリウム成分を含む温泉が角質の汚れを取り除いてくれる

食事処や資料館なども隣接している

╭┈ 立ち寄り料金 ┈╮
700円〜
+ 露天風呂 0 ＋ 内湯 2
+ 貸し切り風呂 0
+ 休憩室 ×
+ 食事処(土・日曜のみ) ○
+ シャンプー ○
+ ボディソープ ○
+ フェイスタオル ○
+ バスタオル ○
+ ドライヤー ○

秩父

おおたきおんせん ゆうゆかん

大滝温泉 遊湯館

眼下に清流を望める

道の駅大滝温泉の中核となる日帰り温泉。荒川のほとりにあり、深さ1000mから湧き出す大滝温泉を使用している。弱アルカリ性の温泉が美肌によいと評判だ。2022年は大浴場と岩風呂の男女入れ替え制で営業している。

☎0494-55-0126 🏠秩父市大滝4277-2 🕐10〜20時(季節により変動あり) 休不定休 交秩父鉄道三峰口駅から車で10分 P77台 ●泉質／ナトリウム-塩化物泉 MAP付録P7下B1

名湯をひとり占めする贅沢なひととき
露天風呂付き客室のある上質な宿

豊かな自然に囲まれた佳宿に到着したら、ずっと部屋におこもりしたい。
趣向を凝らした露天風呂付き客室は、とっておきの旅を演出してくれます。

秩父

ほてる みやま
ホテル 美やま

手付かずの自然に囲まれた横瀬川沿いに立つ湯宿。自家湧出の温泉は男女別の大浴場に注ぎ、温浴と美肌効果があると評判だ。露天風呂は温泉ではないが、湯船からは四季折々の景色が広がり、開放感にあふれている。日帰り入浴は¥900円⏰12〜21時。

☎0494-24-6311 🏠秩父市山田1294 🚃西武鉄道西武秩父駅から車で15分 🅿50台
●全38室 ●内湯2／露天2／貸切0
MAP付録P4B3

入浴のポイント

部屋ごとに異なる湯船

露天風呂付きの客室は、純和風の緑、モダン和風の風、アジアン和風の紅の3部屋。それぞれに檜や陶器など、趣向を凝らした湯船が備わる。

＋1泊2食付き料金＋
平日2万8390円〜
休前日3万1840円〜
＋時間＋
IN15時 OUT10時

テイストの異なる客室から風情ある渓谷を見下ろす

1 モダン和風客室「風」に付いた檜造りの露天風呂。広々としたウッドデッキテラスも備わる 2 秩父夜祭の山車を模した男性用露天風呂も趣がある 3 横瀬川沿いに立つホテル。夜には幻想的な光景が広がる

＋1泊2食付き料金＋
平日2万6400円〜
休前日2万7500円〜
＋時間＋
IN15時 OUT10時

季節の移ろいを感じるプライベート重視の客室

1 別館〜せせらぎ〜の客室には、岩風呂、檜風呂、陶器風呂のいずれかの湯船が付いている 2 横瀬川のせせらぎが聞こえる露天風呂付き客室 3 秩父蛇紋石を使った大浴場

秩父

わどうこうせん ゆのやどわどう
和銅鉱泉 ゆの宿和どう

秩父七湯のなかでも古い歴史を有する和銅鉱泉（薬師の湯）。横瀬川から心地よい風がそよぐ露天風呂は、岩風呂「岩鏡」、檜風呂「檜扇」がある。貸切風呂50分3000円や貸切岩盤浴も備わり、ゆったりくつろげそう。日帰り入浴は¥1000円⏰11〜14時。

☎0494-23-3611 🏠秩父市黒谷813 🚃秩父鉄道和銅黒谷駅から徒歩15分 🅿80台
●全38室 ●内湯2／露天2／貸切1
MAP付録P4B2

入浴のポイント

横瀬川に面したテラス付き

露天風呂付きの客室は、別館と本館合わせて全14室。部屋にある露天風呂の湯は温泉ではないが、「温泉の素」を各部屋に完備している。

🏠源泉かけ流し ●部屋食 🧖エステあり 🚭禁煙ルームあり 🛁大浴場あり 👤ひとり宿泊OK

貸切温泉のある宿もあります

露天風呂付き客室のほか、趣の異なる貸切風呂を利用できる宿もある。和銅鉱泉ゆの宿和どう（写真）や、秩父温泉郷囲炉裏の宿小鹿荘、新木鉱泉旅館など、時間制で利用できるのでチェックイン時に予約を。

秩父・長瀞の宿 ● 露天風呂付き客室のある上質な宿

小鹿野 🏯🍴♨️⛰
ちちぶおんせんきょう いろりのやど おじかそう

秩父温泉郷囲炉裏の宿 小鹿荘

囲炉裏で山の幸を味わえる鄙びた湯宿。趣向を凝らした5つの客室のなかでは、古民家風の「蘭」がおすすめ。日帰り入浴は¥700円 🕙11〜15時。

☎0494-75-0210 🏠小鹿野町三山243 🚌西武鉄道西武秩父駅から西武観光バス栗尾行きで40分、終点下車、徒歩30分 🅿50台 ●全18室 ●内湯2／露天2／貸切1 MAP付録P7上A1

新しい客室が完成した山里で進化する湯宿

「蘭」の陶器風呂からは美しい星空を望む

✦1泊2食付き料金✦
平日2万1780円〜
休前日2万1780円〜
✦時間✦
IN15時　OUT10時

入浴のポイント

半露天風呂付き客室
客室のなかでは、「梨」と「蘭」が半露天風呂付き。テラスが続き開放感にあふれている。

格式高い特別室にある岩造りの露天風呂へ

客室露天風呂(一例)

✦1泊2食付き料金✦
平日2万1780円〜
休前日2万8380円〜
✦時間✦
IN15時　OUT10時

入浴のポイント

個性的な露天風呂
岩風呂、陶器風呂、御影石風呂と、それぞれ趣の異なる露天風呂付き。ゆったり湯浴みできる。

秩父 🏯♨️
ちちぶおんせん はなおや

ちちぶ温泉 はなのや

趣の異なる25の客室はすべてぜいたくな庭園露天風呂付き。古民家を移築した囲炉裏のある特別室や、木の香りが漂うモダンな和洋室などどれも人気。料理人が考案する季節の創作和懐石も絶品。

☎0494-54-2654 🏠秩父市荒川日野542 🚌秩父鉄道武州日野駅から徒歩10分 🅿20台 ●全25室 ●内湯2／露天2／貸切2 MAP付録P7上B2

秩父 🏯🍴♨
あらきこうせんりょかん

新木鉱泉旅館

文政10年（1827）創業の老舗旅館。大浴場や露天風呂には、卵湯ともよばれる肌にやさしい単純硫黄冷鉱泉が注ぐ。日帰り入浴は¥900円〜 🕙12〜20時（混雑時には制限あり）。

☎0494-23-2641 🏠秩父市山田1538 🚌西武鉄道西武秩父駅から車で10分 🅿30台 ●全13室 ●内湯2／露天0／貸切1 MAP付録P4B3

秩父七湯の一つ御代の湯に浸かる

檜と石を組み合わせた露天風呂はいちいの間にある

✦1泊2食付き料金✦
平日2万3200円〜
休前日2万8700円〜
✦時間✦
IN15時　OUT10時

入浴のポイント

趣向を凝らした風呂
露天風呂付きの客室は全4室。それぞれに檜と石、陶器、檜、御影石の湯船が付く。

野趣あふれる湯船で骨休め
露天風呂自慢の宿へ

秩父・長瀞の山並みを望む湯宿では、趣向を凝らした露天風呂が多い。
四季折々の美しい風景を眼前に、手足を伸ばしてゆったりくつろげます。

長瀞

はなのおもてなし ちょうせいかん
花のおもてなし 長生館

大正元年（1912）創業の宿。秩父鉄道長瀞駅からほど近く、全室が長瀞渓谷に面し、四季折々の美しい景色を一望できる。大浴場には広々とした内湯と露天風呂を完備。夕食は旬の食材を使った和食会席料理。鯉のあらいなどの名物料理も味わえる。

☎0494-66-1113 🏠長瀞町長瀞449 🚉秩父鉄道長瀞駅から徒歩3分 🅿50台 ●全22室 ●内湯2／露天2／貸切0
MAP付録P6C3

入浴のポイント

竹酢液で温浴効果
露天風呂、内湯ともに温泉ではないが、竹の養分を凝縮した竹酢液を使用。殺菌、消炎、消臭効果があるといわれ、温浴効果で体も温まる。

季節の花々と名勝を眺める長瀞随一の旅館

✛1泊2食付き料金✛
平日1万8700円〜
休前日2万2000円〜
✛時間✛
IN15時　OUT10時

1 男性用には広々とした岩造りの露天風呂が付く。女性用は檜造り。昼食プラン利用で日帰り入浴もできる 2 白陶器の露天風呂付き客室もある 3 長瀞で見られる季節の花々が迎えてくれる癒やしの宿

✛1泊2食付き料金✛
平日1万7500円〜
休前日1万8500円〜
✛時間✛
IN15時　OUT10時

谷津川のせせらぎを耳に季節ごとの佳景を満喫する

1 岩造りの露天風呂からは季節ごとに彩られた美しい木々のロケーションが楽しめる 2 客室は本館、和風館、総檜造りの緑水亭（写真）があり全21室 3 エントランスのしつらえにもレトロな風情を感じる

秩父

やつがわかん
谷津川館

創業百余年、奥秩父の山里にたたずむ湯宿。野趣あふれる岩造りの露天風呂は、渓谷の瀬音と木の香りに包まれている。2種類の貸切露天風呂や足湯も完備。夕食は山の幸、渓流の幸を堪能できる。日帰り入浴は¥1000円※2022年5月現在、休止中

☎0494-54-1400 🏠秩父市荒川白久455 🚉秩父鉄道白久駅から徒歩15分 🅿50台 ●全13室 ●内湯2／露天2／貸切2 MAP付録P7上B2

入浴のポイント

男女別に異なる湯船
大浴場は男性用が檜、女性用は槇で、湯底は十和田石を使用。それぞれ大浴場から岩造りの露天風呂に続き、趣の異なる入浴が楽しめる。

🔥源泉かけ流し 🍽部屋食 💆エステあり 🚭禁煙ルームあり ♨大浴場あり 👤ひとり宿泊OK

秩父小鹿野温泉旅館
梁山泊もおすすめ

自然に囲まれた風情ある露天風呂が印象的な秩父小鹿野温泉旅館 梁山泊。竹林や渓流を望み夜は幻想的な光に包まれる。

☎0494-75-2654 **MAP**付録P7上B1

効能ある里山のいで湯に個性豊かな湯船でゆったり

+1泊2食付き料金+
平日1万1000円～
休前日1万2100円～
+時間+
IN15時 OUT10時

秩父
みやもとのゆ
宮本の湯

川遊びや野菜収穫など、さまざまなふるさと体験が楽しめる温泉宿。宿泊者専用の露天風呂は土俵露天風呂と岩肌露天風呂があり、男女交替制で入浴できる。露天風呂と内湯を備えた貸切風呂のみ、日帰り入浴**¥**50分3000円①10～21時できる。

☎0494-75-2272 **住**小鹿野町長留510
交西武鉄道 西武秩父駅から車で20分
P40台●全17室●内湯2／露天2／貸切1
MAP付録P7上B1

> **入浴のポイント**
> ### ユニークな湯船
> 露天風呂は国技館をイメージした土俵露天風呂と、開放感あふれる岩肌露天風呂がある。それぞれに単純硫黄冷鉱泉の「般若の湯」が注ぐ。

■再現性の高い土俵露天風呂は東屋付きで雨天でも安心して入浴できる ②さまざまな広さの和室は人数や用途に合わせて利用できる ③里山の美しいロケーションが広がり、ふるさと体験の拠点にもなっている

+1泊2食付き料金+
平日1万3200円～
休前日1万5400円～
+時間+
IN15時 OUT10時

荒川の清流沿いにたたずむ素朴で落ち着ける温泉宿

■女性用の露天風呂は造りの異なる2種類の湯船がある。夜には満天の星空を眺めることができる ②和室は10畳＋次の間6畳が付いた広めの客室もある ③荒川のほとりに立つ閑静な宿

長瀞
ようこうてい
養浩亭

大正11年（1922）創業、渋沢栄一により命名された由緒ある宿。川の音、鳥の声が心地よい閑静な場所に立ち、長瀞の自然を満喫できる。男女別に露天風呂と内湯を備えるほか、貸切風呂「百寿の湯」も完備。0泊2食など日帰りプランも充実している。

☎0494-66-3131 **住**長瀞町長瀞1446
交秩父鉄道上長瀞駅から徒歩5分 **P**13台
●全22室 ●内湯2／露天3／貸切1
MAP付録P6C3

> **入浴のポイント**
> ### 名勝を望む露天風呂
> 女性用は陶器と木造りの2種類の湯船があり、木枠越しに見える木々の風景は一枚の絵のよう。男性用は木造りの湯船が備わる。

自然に囲まれて極上の時間を味わう グランピング&キャンプSTAY

秩父周辺には手ぶらでも楽しめるグランピング&キャンプ施設が点在。森や湖畔でおしゃれに過ごすアウトドアがトレンドです。

ココが魅力!
夕食はkokkoBBQで1人3500円〜（要予約）、朝食は北欧風ブレックファストを利用できる。ペット同伴もOK。

1 フィンランドスタイルで優雅なキャンプが楽しめるグランピングエリア
2 kokkoBBQでは北海道産のレイクロブスター（ザリガニ）なども味わえる

飯能
の一ら なぐり
Nolla naguri
手ぶらで北欧風BBQを満喫

自然豊かな名栗湖の近くで、北欧文化を体験できる複合施設。2021年4月には10棟のテントを整備したGLAMPING FIELDが完成。宿泊者専用のナイトサウナのほか、夕食にフィンランドスタイルのBBQを楽しめる。テイクアウトできるドリンクスタンドや、地元産品が集まるショップなどもおすすめ。

☎042-978-5522 住飯能市名栗607-1 交西武池袋線飯能駅から国際興業バスノーラ名栗・さわらびの湯経由名郷行きなどで41分、ノーラ名栗・さわらびの湯下車すぐ P20台 MAP付録P3C2

······· 1泊料金 ·······
÷ 平　日 3万円〜
÷ 休前日 4万8000円〜
IN 15時　OUT 10時
立ち寄り湯　あり

長瀞
ふぉれすとさんずながとろ
フォレストサンズ長瀞
全天候型のキャンプフィールド

長瀞渓谷に沿って整備された広大なキャンプ施設。25台のトラベルトレーラーをはじめ、コテージ、テントサイト、直火可能なブッシュクラフトを完備している。2022年春には、1〜2人で宿泊できるコンパクトな客室「カームベアーバケーション」がオープンした。

☎0494-26-6111 住長瀞町本野上363 交秩父鉄道野上駅から徒歩15分 P60台 MAP付録P6C1

ココが魅力!
全天候型ルーフデッキやBBQコンロが付いたトラベルトレーラー。設備が整っており、キャンプ初心者でも安心。

アメリカから輸入したトレーラーハウスにはシンクや冷蔵庫も備わる

······· 1泊料金 ·······
÷ 平日 1万4100円〜　÷ 休前日 1万7200円〜
IN 15時　OUT 10時
立ち寄り湯　あり

ココが魅力!
シャワー、トイレ、調理機器などを備えたアウトドア・オーベルジュコテージ デッキスペースでBBQもできる

大浴場とサウナを備えた樹音の湯は、¥520円で利用できる

秩父

ぴかちちぶ
PICA秩父

設備充実の多彩なコテージ

PICAグループのキャンプ場。星座観察グッズ付きコテージ、犬連れOKのコテージなど、バラエティに富んだコテージが点在する。敷地内には日帰り温泉施設など、のんびりできる施設も充実。

☎0494-22-8111 🏠秩父市久那637-2秩父ミューズパーク内 🚃西武鉄道西武秩父駅から車で10分 🅿194台
MAP付録P7上B1

······· 1泊2食付き料金 ·······
❖ 平日 1名9000円～　休前日 1名1万2000円～
🕐 IN 15時　OUT 10時

立ち寄り湯　あり

1区画のスペースがゆったりしているオートキャンプサイト

ココが魅力!
屋内グランピングテントのルミエールは、定員2人でゆったり過ごせる。屋内に設置されたテントがおしゃれ.

······· 1泊料金 ·······
❖ 平日 1棟2万5000円～　休前日 1棟3万2000円～
🕐 IN 14時　OUT 10時

立ち寄り湯　なし

長瀞

ながとろおーときゃんぷじょう
長瀞
オートキャンプ場

話題のグランピングを体感

荒川沿いに整備されたアウトドア施設。屋内グランピングテント2棟やグランピングコテージ8棟は、それぞれに趣向を凝らした造り。テラスにはBBQグリルが備わり、のんびり食事を楽しめる。男女別のシャワールームも便利。

☎0494-66-0640 🏠長瀞町井戸559-1 🚃秩父鉄道野上駅から徒歩20分 🅿50台 MAP付録P6C2

皆野

まんがんびれっじおーときゃんぷじょう
満願ビレッジオート
キャンプ場

温泉×アウトドアを満喫

秩父温泉満願の湯に隣接したキャンプ場。見晴らしのよい高台に位置し、アメリカントレーラーハウス、木製コテージ、テントキャンプサイトが整備されている。BBQ食材は4日前までに要予約。丸鶏やローストチキンも味わえる。

☎0494-62-4726 🏠皆野町下日野沢3902-1 🚃秩父鉄道上長瀞駅から車で20分 🅿20台 MAP付録P4B2

アメリカントレーラーハウスにはシャワールームやキッチンも備わる

ココが魅力!
宿泊者には「秩父温泉満願の湯」の入浴券が付くのもうれしい。野趣あふれる露天風呂でのんびりできる

······· 1泊料金 ·······
❖ 通常期 1棟1万1880円～　❖ 繁忙期 1棟4万1800円～
🕐 IN 15時　OUT 10時

立ち寄り湯　あり

2つのエリアに分かれたメッツァで
湖畔で過ごす、北欧のまちを満喫する

宮沢湖畔に広がる豊かな森の中に、2つのテーマパークが広がります。
北欧のインテリアや食に囲まれ、ナチュラルでスローな時間を過ごしましょう。

ムーミン屋敷はムーミンバレーパークのシンボル

めっつあ
メッツァ

北欧の魅力あふれるテーマパーク

「メッツァ」とはフィンランド語で「森」という意味。自然豊かなエリアに物語の世界が広がるムーミンバレーパーク、北欧の雑貨が揃うショッピングモールやカヌー体験など、北欧の生活を体感できるメッツァビレッジといった2つのテーマパークが点在している。

☎0570-03-1066（メッツァナビダイヤル／10〜18時）住飯能市宮沢327-6 Ｙメッツァビレッジは入園無料、ムーミンバレーパークは有料（下の料金表を参照）休不定休交西武池袋線飯能駅からイーグルバスで13分、メッツァ下車すぐP1000台（詳しくは公式ホームページで要確認）MAP付録P3C2

▶物語のなかでムーミン一家が移住した灯台

■ムーミンバレーパーク料金表

利用方法	種別	前売	当日
1デーパス	おとな（中学生以上）	3000円	3200円
	こども（4歳以上小学生以下）	1800円	2000円

👣 歩き方アドバイス

ムーミンバレーパークへは、駐車場やバス停からメッツァビレッジを抜けて徒歩15分。まずはムーミン屋敷があるムーミン谷エリアへ。時間に余裕があれば、灯台やスナフキンのテントまで足を延ばそう。帰りにメッツァビレッジでグルメやみやげ探しを。

宿泊はマロウドイン飯能へ
ムーミンバレーパークから最も近い公認ホテル。1デーパス引換券付きのプランが好評。
☎042-974-4000
MAP 付録P3C2

◀湖畔には個性的なフォルムの木製ベンチがあり、フォトスポットとしても人気

めっつぁびれっじ
メッツァビレッジ

【無料エリア】

シンプルでおしゃれな北欧の生活を体感

北欧ブランドの雑貨や、日用品、地元野菜などのマーケットをはじめ、北欧発のカフェや地産地消のレストランなどがあり、北欧のライフスタイルを体感できる。カヌーをレンタルして湖で過ごしたり、森の中に張り巡らされたファンモックで遊ぶのも楽しい。

💴入園無料 🕙10〜18時(土・日曜、祝日は〜19時、一部店舗により異なる)

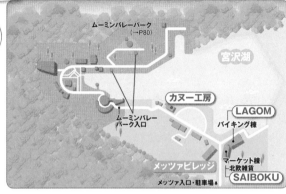

ムーミンバレーパーク(→P80)
宮沢湖
カヌー工房
LAGOM
バイキング棟
ムーミンバレーパーク入口
マーケット棟・北欧雑貨
メッツァビレッジ
SAIBOKU
メッツァ入口・駐車場

らーごむ
🍴LAGOM

品数豊富な料理を好きなだけ

バイキングホールの2階にあり、目の前に宮沢湖が広がるレストラン。ランチタイムはブッフェ形式で、ドリアやサーモン、チリコンカンなどバラエティ豊かな北欧風の料理を楽しめる。

💴90分食べ放題1800円
🕙メッツァビレッジに準ずる

さいぼく
🍴SAIBOKU

厳選素材から作るハムとソーセージ

1946年創業以来、県内でブランド豚の飼育、製造、販売まで一貫して行う「サイボク」の直営店。ブランド豚のゴールデンポークを使った加工品は、ウインナーカップや豚まんなど、どれもジューシーで味わい深い。テイクアウトで手軽に味わいたい。

☎042-980-7786
🕙メッツァビレッジに準ずる

かぬーこうぼう
🎵カヌー工房

湖上のカヌーでスローな時間を

木材を使ったワークショップを開催し、北欧発祥の木製カップ「ククサ」磨きを体験できる。カヌーのレンタル(保険代、ライフジャケット代込み1時間2000円)も行なっているので、おだやかな湖に繰り出そう。☎080-7269-1469 🕙10〜17時(カヌー体験は〜16時)

▶木製カップをサンドペーパーやクルミオイルで磨き上げる

▲広々とした店内には大きな窓がとられ、木々と湖を望み抜群の開放感

▲ダブランド豚の旨味がぎゅっと詰まったウインナーカップ500円

▲インストラクターのレクチャーを受けてから湖へ。水面を滑るような感覚を楽しめる

世界観にどっぷり浸って歩きたい
ムーミンバレーパーク

北欧の風を感じるテーマパークで、物語の世界をプチトリップ。
ムーミン一家と個性豊かな仲間たちが暮らすムーミン谷へようこそ！

青い壁と赤茶色の屋根が印象的な円筒型のムーミン屋敷

むーみんばれーぱーく
ムーミンバレーパーク

おだやかな物語の世界へ

ムーミン一家が暮らすムーミン屋敷、物語の中で登場する水浴び小屋、灯台などが点在。ムーミン一家と仲間たちによるライブエンターテイメントやグリーティングなど、トーベ・ヤンソンが描く物語の中に迷い込んだよう。北欧をイメージした料理や、洗練されたオリジナルグッズにも注目だ。

☎0570-03-1066（メッツァナビダイヤル／10〜18時）（住）飯能市宮沢327-6　（Ｙ）P78参照　（時）10〜17時（土・日曜、祝日は〜18時）（休）不定休　（交）西武池袋線飯能駅からイーグルバスで13分、メッツァ下車すぐ　（Ｐ）1000台（詳しくは公式ホームページで要確認）（MAP）付録P3C2

❶展示施設「コケムス」にはムーミンの常設展やムーミン谷の巨大ジオラマが見られる
❷人気キャラクターたちによるショーが楽しめるエンマの劇場

こけむす
コケムス

フォトスポットも満載

▲ムーミンの世界が凝縮された高さ8mのジオラマ

ムーミンの物語の世界を紹介する体験型展示施設。ムーミンの常設展示や、ムーミン谷の巨大ジオラマが見られる。

▼ムーミン一家の暮らしをのぞいてみよう

ウェルカムゲートをチェックしよう

ムーミンバレーパークの入口に設置された巨大モニュメント。原作であるムーミンの物語が描かれたゲートを抜けて入場。ゲートの側面にはレアキャラクターなども描かれているのでチェックしよう。

▼歌あり踊りありのショーが繰り広げられる

▼ヘムレンさんのストーリーがモチーフ

むーみんやしき
ムーミン屋敷

パークのシンボル

一家のキッチンやリビング、寝室などがあり内部見学も可能。

えんまのげきじょう
エンマの劇場

おなじみのキャラクターが集合

人気キャラクターたちによる約15分の「ダンス・ダンス・ウィズムーミン」を1日2回開催。

へむれんさんのゆうえんち
ヘムレンさんの遊園地

子どもたちに大人気

小説のエピソードに登場するツリーハウス。アスレチックで思いっきり体を動かそう。

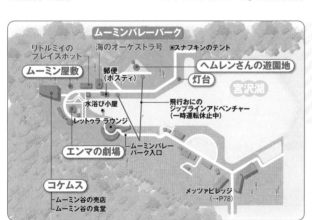

ムーミンバレーパーク

リトルミイのプレイスポット
海のオーケストラ号 ★スナフキンのテント
ムーミン屋敷　郵便（ポスティ）　ヘムレンさんの遊園地
灯台
宮沢湖
水浴び小屋
飛行おにのジップラインアドベンチャー（一時運転休止中）
レットゥラ ラウンジ
エンマの劇場　ムーミンバレーパーク入口
コケムス
ムーミン谷の売店
ムーミン谷の食堂
メッツァビレッジ（→P78）

▶見晴のよい灯台は人気の撮影スポット

とうだい
灯台

記念にパチリ！ 撮影スポット

湖畔の散策路をスナフキンのテントに向かって歩くと右手に現れる灯台

（→P78）

こちらもCHECK！

うみのおーけすとらごう
海のオーケストラ号

大迫力のアトラクション

若き日のムーミンパパの冒険を体感できる、約10分間の体感モーフィングシアター。

りとるみいのぷれいすぽっと
リトルミイのプレイスポット

可愛いいたずらにハラハラドキドキ

リトルミイが繰り広げるコミカルなドタバタ劇を楽しめるシアター型体験施設。

📖 宮沢湖に張り出すように立つ水遊び小屋は、撮影のベストスポットです。

北欧をイメージした
かわいい＆おいしいメニューたち

メッツァの2つのエリアには、個性派のフードメニューやスイーツがずらり。
童話の世界を再現したファンタジックなメニューは必食です♪

ランチセット
1100円
サンドイッチ、サラダ
パスタ、ドリンク、スープが付いたヘルシー
でお得なセット **B**

季節のパフェ
1100円
ムーミンのマグカップに入った
パフェ。コーヒーゼリーパフェや
プリンパフェなど3種類 **A**

モンスターツリーバーガー
5280円
パテとバンズが重なった、まさ
にツリーのようにそびえるバー
ガー。フレンチフライ付き。 **A**

シナモンロール
385円
シナモンやカルダモンを加え、フ
ィンランドシナモンロールのレシ
ピを再現 **B**

のるでぃっくす

nordics **A**

**ドリンクやスイーツも
北欧の器で楽しめる**

こだわりのパテとバンズを使
用した世界のハンバーガーと、
カラフルなデザートが自慢。オ
リジナルの北欧サワーや生ビ
ールなどアルコールも豊富に
揃えている。

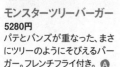

テラス席はペットの同伴もOK
☎042-980-7262
🕐10〜18時(土・日曜、祝日は
〜19時)🈺不定休

ろばーつこーひー

ロバーツコーヒー **B**

**リビングのように
くつろいで過ごそう**

フィンランド発、北欧でも屈指
のコーヒーチェーン店が関東
初出店。北欧直輸入の焙煎豆
を使ったさまざまなドリンクや、
焼きたてのシナモンロールで
コーヒータイムを過ごせる。

湖畔にはテラス席もある
☎042-978-6118
🕐10〜18時(土・日曜、祝日は
〜19時)🈺不定休

サラダ＆ローストビーフプレート
1600円
たっぷりの野菜とローストビーフ、目玉焼きをのせたヘルシーなのにボリュームたっぷりのメニュー C

セラム 400円
年明けからイースターの間に北欧各国のカフェなどで提供される「春を呼ぶスイーツ」が、ムーミンバレーパークでも味わえる C

ミートボールプレート
1600円
フィンランドの伝統料理ミートボールにブラウンソースをかけ、マッシュポテトとリンゴンベリーのジャムを添えている C

サーモンパンケーキ 1600円
北欧の海で育ったアトランティックサーモンを自家製マリネに。薄焼きのパンケーキとよく合う C

シナモンロール 1個300円
定番のシナモンロールはオリジナルブレンドコーヒー400円などと一緒に味わいたい D

ムーミンバレーパーク
むーみんだにのしょくどう
ムーミン谷の食堂 C

**幻想的なパーティーで
北欧の料理を**

「ムーミン谷の夜のパーティー」をイメージしたインテリアに囲まれ、食事ができるレストラン。ミートボールやサーモン、パンケーキなど、北欧を感じるメニューで旅した気分に。

壁にはムーミンと仲間たちの絵が描かれている

🕐ムーミンバレーパークに準ずる

ムーミンバレーパーク
れっとうら らうんじ
レットゥラ ラウンジ D

**パークの冒険前に
立ち寄りたい**

ゆったりとしたスペースでシナモンロールをはじめ、焼きたてのパンを楽しめる。店内に設置された原作小説を読んだり、ショートムービーを見ながらムーミンの物語に触れられる。

ムーミンバレーパークの始まりの場所

🕐ムーミンバレーパークに準ずる

📖 メッツァの一部店舗では、ペットと一緒に食事やショッピングも楽しめます。

テーマパーク ● かわいい＆おいしいメニューたち

見ているだけでも楽しい♪
北欧雑貨&キャラクターアイテム

洗練されたなかにも遊び心がある、愛すべき北欧の雑貨たち。
2つのエリアをめぐってお気に入りを見つけましょう。

○インテリアにも

ぬいぐるみ オウム
3300円
両手のひらに乗るくらいのキュートでカラフルなぬいぐるみ。部屋のインテリアにもぴったり

ぬいぐるみ
各2700円〜（Sサイズ）
リトルミイ（左）とムーミン2800円（右）のぬいぐるみは、セットで買えばパークのロゴのよう

ニョロニョログミ
1500円
全長約22cmのニョロニョロのケースの中に、ヨーグルト風味のグミキャンディーが6体入ったユニークなみやげ

Oikia
ポテトチップス
オリジナルソルト
100g 346円
フィンランド産のジャガイモを90%以上使用。原材料、厚み、固さ、カリカリ感、フレーバーなど、こだわりの一品

○缶もかわいい

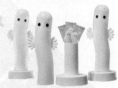

ハウス型キャニスター缶
チョコインクッキー
1700円（8枚入）
ムーミン屋敷の形をした缶に、パークのロゴがプリントされたクッキーが

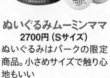

ぬいぐるみ ブタ
3300円
23cmとちょっと大きめなブタのぬいぐるみ。ふわふわとさわり心地のよい人気アイテム

ぬいぐるみムーミンママ
2700円（Sサイズ）
ぬいぐるみはパークの限定商品。小さめサイズで触り心地もいい

[メッツァビレッジ]

ほくおうざっか
北欧雑貨

北欧の最新アイテムや最新情報を発信するライフスタイルショップ。マリメッコやイッタラなどの有名ブランドから、この店でしか手に入らない限定商品など、生活を彩る北欧雑貨が揃っている。
☎042-978-7499
🕐メッツァビレッジに準ずる
MAP P79

[ムーミンバレーパーク]

むーみんだにのばいてん
ムーミン谷の売店

ムーミンバレーパークのメインアートを使った商品や、種類豊富なぬいぐるみ、グルメ系みやげまで豊富に揃うショップ。店内には大きなシンボルツリーがあり、森の中をめぐるかのようにショッピングを楽しめる。
🕐ムーミンバレーパークに準ずる
MAP P81

都心からほど近い緑のオアシス、高尾山
山頂まで見どころがいっぱいです

お手軽なハイキングから本格的な登山まで、
多彩なコースが整備されている高尾山。
グルメやアート、歴史を感じる寺院も満喫して
身も心もリフレッシュしちゃいましょう。

これしよう！
斬新な駅舎！
高尾山への玄関口
建築家・隈研吾氏が設計した高尾山口駅には、観光案内所もある。

これしよう！
パワスポの
高尾山薬王院（☞P92）へ
ハイキングコースの途中にある寺院。境内には多くの天狗様の姿も。

これしよう！
山頂を目指して
ハイキング（☞P88）
高尾山口駅から往復約2時間のコースなど、体力に合わせたコースで。

お手軽ハイキングの定番スポット

高尾山
たかおさん

山頂にある大見晴亭のとろろそば（☞P95）

こんなところ

新宿駅から1時間弱でアクセスできる、東京を代表するネイチャースポット。高尾山口駅を起点にハイカーの体力に合わせた多彩なコースがあり、山頂までも無理なく歩ける。自然の中でのんびり過ごせるミュージアムや絶景カフェも点在。滞在型で楽しみたいなら、ゲストハウスを利用しよう。

access

●新宿駅から
京王線特急、京王高尾線で高尾山口駅まで約55分

問合せ
☎042-673-3461
高尾山口観光案内所
（むささびハウス）
広域MAP 付録P8

～高尾山周辺ハイキングマップ～

八王子JCT

高尾駅へ

中央自動車道

中央本線

日影

擂差

小仏関跡
駒木野
高尾駒木野庭園

516

蛇滝口

金比羅台

京王高尾線

周辺の自然を知る
高尾山ガイドウォーク
山頂の高尾山ビジターセンターで受付。解説員と歩こう。

展望台のなかでも
穴場の金比羅台へ
1号路の途中にあり、八王市街を一望できるスポット。

高尾山トンネル

高尾599ミュージアム
（☞P100）

1

高尾山口

高尾山口駅

蛇滝

高尾山エコーリフト

高尾山スミカ
（☞P91）

3

高尾山

清滝

首都圏中央連絡自動車道

2 **ケーブルカー**
（☞P89）

浅川トンネル

6 **大見晴亭**
（☞P95）

高尾山サル園
野草園

佛舎利奉安塔

ごまどころ権現茶屋

琵琶滝

高尾ビジターセンター
もみじ台

599

高尾山IC

5 **高尾山山頂**
（☞P90）

4 **高尾山薬王院**
（☞P92）

八王子市

春泉寺

貴布祢神社

ハイキング途中の
休憩スポット
ごまどころ権現茶屋ではご当地の八王子ラーメン850円を。

0   500m

N

観光のヒント
コース選びも楽しみの一つ
歩き慣れた靴ででかけ
高尾山口駅の近くからはケーブルカーやリフトも利用できる。山の天候は変わりやすいので、機能性の高い服装で出かけたい。

高尾山

おすすめコースは
🕐
3時間30分
高尾山口駅からハイキングの前に高尾599ミュージアムに立ち寄りたい。見学後は清滝駅からケーブルカーで高尾山駅へ。高尾山薬王院や山頂を歩き、途中のグルメもチェックしよう。

スタート		1		2		3		4		5		6		ゴール
		見る		遊ぶ		買う		見る		見る		食べる		
京王電鉄高尾山口駅	▶ 徒歩4分	高尾599ミュージアム	▶ 徒歩2分	ケーブルカー	▶ ケーブルカーで6分	高尾山スミカ	▶ 徒歩30分	高尾山薬王院	▶ 徒歩20分	高尾山山頂	▶ 徒歩すぐ	大見晴亭	徒歩、ケーブルカーで1時間	京王電鉄高尾山口駅

目にもビタミンチャージ 高尾山の絶景スポットをめぐる

都心から電車で1時間の高尾山は、絶景スポットの宝庫。
ハイキングで四季折々の美しい景色を楽しみましょう。

天気がよければ丹沢の山並み越しに富士山の姿が

見晴らしのよい
山頂の広場

おおみはらしえんち
大見晴園地

標高599mの絶景スポット

ケーブルカー高尾山駅から、約
50分で高尾山山頂へ。途中、高
尾山薬王院からは道幅が狭くな
るが、周囲の木々の景色も美し
く快適。広々とした山頂は大見
晴園地として整備され、丹沢の
山並みや富士山を一望できる。

💴⏰休散策自由 🚋ケーブルカー高尾
山駅から徒歩50分 MAP付録P8A3

\ ちょっと立ち寄り！ /
あけぼのてい
曙亭

☎042-663-1386 🏠高尾山山頂
⏰10〜15時（季節により変動あり）
休不定休 MAP付録P8A3

▲山頂にある茶店でとろろそば1100
円のほか、みそ田楽500円が味わえる

たかおさんびあまうんと
高尾山ビアマウント

爽快な景色とビールで極上の時間

標高488mで楽しむ期間限定のビアガーデ
ン。山々を赤く染める夕日も美しい。

☎042-665-8010 🏠八王子市高尾町2181 💴ビュ
ッフェ（要問合せ）⏰13〜21時 休6月中旬〜10月中
旬営業、期間中無休
🚋ケーブルカー高尾
山駅からすぐ
MAP付録P8B2

高台から見下ろす
都心の夜景に感動

高尾山スミカの屋上展望台へ

ケーブルカー高尾山駅のすぐ横に立つ高尾山スミカ。グルメ、カフェ、みやげが揃う人気の複合施設で、屋上が展望台となっている。晴れていれば都心まで見渡せる。
DATA ☞P91

線路沿いのイロハモミジが鮮やかに色付く

けーぶるかー
ケーブルカー

標高差で変化する絶景を

清滝駅から高尾山駅まで急勾配のため、景色の変化を楽しめる。新緑や紅葉シーズンの色付きは見事。

☎042-661-4151（高尾登山電鉄）🚃片道490円、往復950円 ⏰8時始発、15分間隔で運行（終発は季節や曜日により異なる）🈳無休 🚉京王電鉄高尾山口駅からケーブルカー清滝駅まで徒歩5分 🅿周辺駐車場利用 **MAP** 付録P8B・C2

◀日本で最も急勾配のケーブルカー

うっそうとしたポンに囲まれた橋

▶この橋から山頂までは上り坂が続く

みやまばし
みやま橋

フォトジェニックな吊り橋

高尾山ハイキングルートの4号路とよばれる吊り橋コースにある橋。高尾山薬王院の聖域を示す浄心門をくぐり、右斜め前方へ比較的平坦な道を15分ほど歩くと現れる。木々に囲まれた沢に架かる橋で記念撮影をしよう。

🚃⏰🈳散策自由 🚉ケーブルカー高尾山駅から徒歩40分
MAP 付録P8A3

霞台の南側から見られる横浜方面の景色

▶澄んだ空気の日には房総半島の山並みも見渡せる

かすみだい
霞台

標高約485mの展望スポット

ケーブルカー高尾山駅の近くに広がる展望スポット。眺望案内板やベンチなどが配された展望台周辺からは、八王子市街地から都心までの展望が広がる。天気のよい日は東京スカイツリーや横浜港まで一望。ロマンチックな夜景スポットとしても知られている。

🚃⏰🈳散策自由 🚉ケーブルカー高尾山駅からすぐ **MAP** 付録P8B2

片道1時間のご利益行脚
高尾山ハイキングの王道コース

体力に合わせてさまざまなコースが設定されている高尾山ハイキング。
初心者でも気軽にトライできる王道コースでリフレッシュ♪

ベストシーズンは
3月下旬〜
11月中旬

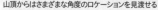
山頂からはさまざまな角度のロケーションを見渡せる

所要時間
1時間［片道］

モデルコース　Start

京王電鉄高尾山口駅
↓ 徒歩5分
1 ケーブルカー
　高尾山駅まで6分、
　下車後、徒歩5分
↓
2 たこ杉
↓ 徒歩3分
3 浄心門
↓ 徒歩10分
4 仏舎利塔
↓ 徒歩10分
5 高尾山薬王院
↓ 徒歩20分
6 高尾山山頂
↓ 徒歩50分
7 高尾山スミカ
Goal

6 たかおさんさんちょう
高尾山山頂
パノラマの絶景を満喫♪

高尾山薬王院からは道幅が狭い急
な上り坂。約20分歩くと標高599
mの高尾山山頂へ到着！視界のひ
らけた山頂は大見晴園地として整備
され、休憩できるベンチやテーブル
なども設置されている。天気に恵ま
れれば、東京の町並み、奥高尾、奥
多摩、丹沢山塊をはじめ、富士山ま
で一望できる。山頂付近には、そば
などが味わえる食事処もある。
MAP 付録P8A3

晴れた日には丹沢の奥に富士山の頂を見ることができる

Check!

高尾ビジターセンター
山頂にある高尾ビジターセンターでは、所要
約50分のガイドウォーク💴100円を実施。自
然解説員と一緒に高尾山の自然にふれよう。
☎042-664-7872 **MAP** 付録P8A3

① ケーブルカー
急勾配のケーブルカー

京王高尾山口駅から表参道を経由して、標高201mのケーブルカー清滝駅へ、駅舎内できっぷを購入し乗車すれば、標高472mのケーブルカー高尾山駅までは片道6分で到着する。並行して2人乗り観光リフト（片道¥490円、往復¥950円）も運行しており、よりアウトドアな気分を楽しめる。
DATA ☞P89

①眺望抜群のケーブルカー高尾山駅の駅舎 ②「もみじ号」と「あおば号」の2台で運行

⑤ 高尾山薬王院
霊験あらたかな寺院

高尾山の中腹に位置する真言宗智山派の名刹で、古くから多くの人々に信仰されてきた。縁結びや金運アップにご利益があるとされ、境内にはさまざまな願掛けスポットがある。
DATA ☞P92

境内でみやげを手に入れよう

①極彩色と精巧な彫刻が目を引く本社の拝殿 ②本社で御本尊の飯綱権現堂に開運祈願しよう

黒糖ドーナツ棒
10本500円
黒糖の甘みが濃厚な定番のスティックドーナツ

天狗くろ豆捻り餅
10個550円
黒豆入りの餅で、こし餡を包んだ餅菓子。天狗のパッケージが好評

⑦ 高尾山スミカ
見晴らし抜群の人気スポット

ケーブルカー高尾山駅のすぐ隣に立つ複合施設。1階はそば処とショップ、2階はカフェが併設され、ハイキングを締めくくるにはぴったりのスポット。

☎042-661-4151（高尾登山電鉄）　⊞八王子市高尾町2182　⊙10時〜16時30分（冬期は〜16時）　働無休　交ケーブルカー高尾山駅からすぐ　₽なし　**MAP**付録P8B2

高尾山の自然に調和した落ち着いたたたずまい

定番の高尾山天狗焼1個150円を味わおう

② たこ杉
ユニークな形の古木

ケーブルカー高尾山駅から徒歩5分、周囲にブナやケヤキが並ぶなか、樹齢450年の杉の大木が立つ。盤根の形がタコの足のようにくねっていることが名前の由来。八王子市の天然記念物にも指定されている。
MAP付録P8B2

①樹高約37m、幹囲約6mもの大きな杉の木 ②タコ杉の横にある「開運ひっぱり蛸」は、開運のパワースポット。タコの頭を撫でて運気アップ！

③ 浄心門
山門をくぐると薬王院の聖域へ

高尾山薬王院の入口にあたる門。これより先は聖域となるため、どんな些細な殺生も禁じられている。神仏習合の名残から鳥居の形になっている。

参道の両脇に赤い灯籠が並ぶ　**MAP**付録P8B2

④ 仏舎利塔
異国風の白亜の塔が印象的

浄心門からは急な男坂かゆるやかな女坂を上り、丘の上に立つ白い仏塔へ。タイの王室から授けられたとされる釈迦の遺骨が納められている。

紅葉の名所としても知られている　**MAP**付録P8A3

霊験あらたかなパワースポット
天狗が棲む髙尾山薬王院へ

高尾山中腹に位置し、古くから修験道の霊場として知られる名刹。
境内に点在する開運スポットや、天狗像にも注目です。

ほんしゃ (いづなごんげんどう)
本社 (飯縄権現堂)
極彩色の彫刻
飯縄大権現を祭る高尾山修験道の中心的な存在。江戸時代中期の享保14年 (1729) に建立された権現造の建物は都指定の有形文化財。

たかおさんやくおういん
髙尾山薬王院

約1300年の歴史を誇る
天狗信仰の霊山

高僧・行基が開山し、高僧・俊源大徳により中興された神仏習合の名残が残る寺。境内には御本尊を祭る本社・大本堂をはじめ、山門、愛染堂、奥の院などが点在。御本尊である飯縄大権現は戦国武将から篤く信仰された戦勝の神。飯縄大権現の随身とされる天狗の像や面は境内各所に飾られている。

☎042-661-1115 住八王子市高尾町2177 ¥拝観無料 ⏰問合せ受付9〜16時 休無休 🚃ケーブルカー高尾山駅から徒歩30分 Pなし MAP付録P8A3

ご利益スポット

願叶輪潜
願いをかけながら石の輪をくぐり、ご本尊に願いが届くよう大錫杖を鳴らす。住所と氏名を唱えるのを忘れずに。

良縁祈願結び処
縁結びのお守り(500円)に入っている赤い糸を通した5円玉を結びつけると、良縁に恵まれるといわれている。

▼真言宗智山派の大本山。神仏習合の名残で赤い鳥居が見られる

境内の「大本坊」で
精進料理をいただく

薬王院の大本坊では精進料理を味わえる。天狗膳2900円、高尾膳3900円の2種類で、2人以上で1週間前までに要予約。

▲下駄の絵馬が奉納される

てんぐしゃ
天狗社
天狗の力にあやかろう

飯縄大権現を守る天狗を祭っている。天狗の力にあやかり足腰が丈夫になるよう下駄や雪駄などを奉納する人が多い。

だいしどう
大師堂
小さな朱塗りのお堂

修行中の弘法大師像を祭り、江戸時代中期に建築された建物は東京都の有形文化財に指定されている。

▲周りは八十八大師御砂踏み霊場となっている

だいほんどう
大本堂
煩悩を焼き清める

開山本尊の薬師如来と中興本尊の飯縄大権現を祭っており、堂内では煩悩を焼き清める御護摩修行が行われている。

▼向かって右手にて大天狗、左手に烏天狗の面が掲げられている

▼若者に人気の縁結びスポット

あいぜんどう
愛染堂
恋愛運アップを祈ろう

恋愛成就と縁結びの神様である愛染明王を祭るお堂。5円玉を赤い糸で結んで奉納すると良縁に恵まれるといわれる。

▼山門の中に迫力ある四天王が見られる

さんもん
山門
四天王門ともよばれる

総檜造りの重厚な山門で、仏教の四大守護神である多聞天、広目天、増長天、持国天の像が安置されている。

高尾山● 天狗が棲む髙尾山薬王院へ

〈地図内ラベル〉
高尾山口駅
富士浅間社
奥の院
本社（飯縄権現堂）
福徳弁財天
福徳稲荷社
天狗社
ケーブルカー高尾山駅
有喜閣
大本坊
方丈門
客殿
大本堂
大師堂
八十八大師
御砂踏み霊場
大師堂の四方
聖天堂
仁王門
鐘楼堂
修行大師
大天狗像
小天狗像
納札堂
愛染堂
山門
俊源大僧正像
信徒休憩所
お守授与所
お護摩受付所
お守授与所

▲お金を洗うためのざるを借りられる

はちだいりゅうおうどう
八大龍王堂
福寿円満の神様

仏法を守護する天龍八部衆の一人、八王龍王を祭る。足元に流れる水でお金を清めると願いが叶いお金が増えるとか。

境内の天狗スポット

高尾山は天狗信仰の霊山として知られている。そのため、本社前には烏天狗の像、大本堂左右には大天狗、烏天狗の面が見られるなど、境内各所で姿が見られる。

📖 天狗の願力が養える眼力せんべいなど、高尾山薬王院オリジナルのみやげも販売しています。

ヘルシーでなめらかな口あたり
高尾山名物とろろそば

昔から多くの参拝客が食べたという「とろろそば」。
山麓や山頂のそば処で各店自慢のそばと一品料理をめしあがれ。

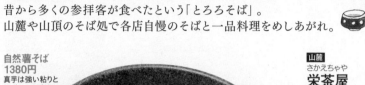

自然薯そば
1380円
真芋は強い粘りと
伸びのよさが特
徴。コシのあ
るそばが
よく絡む

山麓
さかえちゃや
栄茶屋

最高級の自然薯がそばを引き立てる

契約農家から仕入れる最高級の自然薯
とろろが自慢。その年の最良のそば粉を
取り寄せ、季節や気温によって打ち方を
変えるなど、徹底してこだわる本格手打
ちそばは、多い時で1日700食も作ると
いう。工夫を凝らした特製ツユとの相性
も抜群だ。

☎042-661-0350 🏠八王子市高尾町2479
🕐11～16時ごろ（季節により変動あり）🈲不定
休 🚃京王電鉄高尾山口駅から徒歩4分 🅿なし
MAP付録P9B2

そば打ち処でその日の分だけを打つ

なぜ高尾山でとろろ？
高尾山のとろろそばの起源には諸説あるが、
山を登る高尾山薬王院の参拝客に対して、消
化がよく滋養強壮効果のあるとろろをかけて
食べさせたのが始まりといわれている。

これも人気

おばあちゃんの
醤油玉子焼き
600円
醤油で味付けしたふわとろの卵
焼き。のりと玉ねぎが付いている

山麓
もみじやほんてん
紅葉屋本店

滋味あふれるとろろの旨みを堪能

明治27年（1894）創業。とろろには混
ぜ物をいっさい加えず、大和芋100%
を使用。口あたりのよい細めのそばとの
相性もよく、とろろ本来の旨みが楽しめ
る。看板メニューのとろろそばは、冷温
どちらでも選べる。ウズラの卵をまぜて
いただこう。

☎042-661-2012 🏠八王子市高尾町2208
🕐10～16時 🈲火曜（祝日の場合は営業）ほか
臨時休業あり 🚃京王電鉄高尾山口駅から徒歩
4分 🅿なし **MAP**付録P9A2

川の流れを眺める座敷席もある

これも人気

冷やし天ぷら
とろろ山菜そば
1680円
のど越しのよいそばに、
天ぷら、山菜をのせたボ
リュームのあるメニュー

天ぷらとろろそば
1380円
とろろに合うエビ天入
りで、そばの風味も楽
しめる

高尾山山頂にある大見晴亭もおすすめ

高尾山山頂にあり、いつも登山客で賑わう大見晴亭。飲食スペースではそばやおでんを食べることができる。とろろそば1070円は、そばにとろろや山菜がのっている。
☎042-661-3880 **MAP**付録P8A3

`山頂`
おしょくじどころ　やまびこちゃや
お食事処　やまびこ茶屋
森を眺めながら食事できる

高尾山山頂の少し北側に位置する、昭和20年（1945）創業の茶屋。カウンタータイプのテラス席からは目の前に森が広がり、ゆったりくつろぐにはぴったり。名物のととろそばに山菜をトッピングした山菜とろろそば1200円が好評。そばはテイクアウトもできる。

☎042-661-3881 **住**八王子市高尾町2176 **時**10～15時 **休**不定休 **交**ケーブルカー高尾山駅から徒歩50分 **P**なし **MAP**付録P8A3

とろろそば 1050円
大和芋を皮ごとすっているので、風味が強くそばによく絡む

➕ 〔これも人気〕
カレーライス 900円
何種類ものスパイスを使用し、ほどよい辛さに仕上げている

常連のハイカーで賑わう茶屋

`山麓`
たかおさん　たかはしや
髙尾山 髙橋家
古くから続くそばの名店

江戸時代後期の天保年間（1830～44）から続くそば処。大和芋と長芋を合わせたとろろが特徴で、山菜そば900円や鴨ねぎそば1250円もおすすめ。店内にある樹齢150年の柿の木にちなんで、柿シャーベットなど柿を使ったデザートも用意している。

☎042-661-0010 **住**八王子市高尾町2209 **時**10時～16時30分LO（土・日曜、祝日は～17時LO）**休**不定休（7月下旬と12月下旬、2月下旬～3月上旬に休業あり）**交**京王電鉄高尾山口駅から徒歩3分 **P**2台 **MAP**付録P9A2

冷やしとろろそば 1000円
大和芋と長芋をミックスしたとろろを混ぜて味わう

➕ 〔もう一品〕
小盛り天ぷら丼 650円
エビや干し柿の天ぷらなどがのっている

昔ながらの風情ある店内

`高尾山駅周辺`
じゅういっちょうめちゃや
十一丁目茶屋
絶景テラス席で味わう本格そば

明治32年（1899）創業、霞台展望台の近くに立つ茶屋。店内はテーブル席、座敷、テラス席を備え、開放的な雰囲気。太めの平打ちそばが自慢で、そば本来の風味を楽しめる。ところ天やかき氷など、ハイキング途中に味わえるメニューも豊富。

☎042-661-3025 **住**八王子市高尾町2179 **時**10～15時 **休**不定休 **交**ケーブルカー高尾山駅から徒歩2分 **P**なし **MAP**付録P8B2

冷やしとろろそば 1000円
卵がのった粘り気の強いとろろとツユを混ぜると太めのそばにもよく絡む

➕ 〔もう一品〕
だんごセット 750円
焼きだんごと甘だんごに、コーヒーの付いたセットメニュー

みやげも販売する人気の茶屋

高尾山 ● 高尾山名物とろろそば

 山頂にある曙亭では富士山を眺めるテラス席でとろろそばを味わえます。

霊峰・高尾山の参道で
グルメ＆みやげ探しをしてみましょう

高尾山の表参道には食事処やみやげ店が軒を連ねます。
新感覚のグルメや、おしゃれなグッズはSNSで自慢できそう♪

1 高尾山口観光案内所（むささびハウス）

たかおさんぐちかんこうあんないじょ（むささびはうす）

**ハイキング前に
みやげをチェック**

高尾山口駅直結の観光案内所。高尾山周辺のハイキングコースやみどころなど、幅広い情報を提供している。周辺の観光パンフレットのほか、高尾山にちなんだみやげもある。

☎042-673-3461 住八王子市高尾町2241高尾山口駅舎内 ⏰8〜17時（12〜3月は〜16時） 休無休 交京王電鉄高尾山口駅直結 Pなし
MAP付録P9B1

高尾山口駅構内にある観光案内所

高尾山周辺の観光情報を発信している

上：八王子市のゆるキャラ「松姫マッピー」のメモ帳1冊100円／左：桜やすみれなど季節の花々を描いた東京こけし（小）1個1000円も人気

\ 起点は高尾山口駅 /

京王線高尾山口駅は2015年にリニューアル。世界的な建築家・隈研吾氏が設計し、高尾山薬王院をイメージしたダイナミックな屋根が特徴だ。駅構内には高尾山口観光案内所が併設されているので、散策前に立ち寄ろう。

表参道

 高尾山口駅
↓

1 高尾山口観光案内所（むささびハウス）

2 会席料理 琵琶家・別館 清流亭

3 有喜堂本店 工場店

2 会席料理 琵琶家・別館 清流亭

かいせきりょうり びわや・べっかん せいりゅうてい

**目にも鮮やかな
会席料理に舌鼓**

数寄屋造の建物には茶室や回り廊下があり、落ち着いた空間で会席料理を堪能できる。

☎042-661-0053 住八王子市高尾町2470 ⏰11時〜18時30分（夜は予約のみ） 休不定休 交京王電鉄高尾山口駅から徒歩3分 P50台
MAP付録P9B2

庭園を眺めながらゆったりと食事ができる純和風の部屋
煮物、揚げ物、すしなどが美しい器で供される手間暇かけた竹籠弁当5500円（別途奉仕料10%）

3 有喜堂本店 工場店

ゆうきどうほんてん こうじょうてん

**蒸し立てのまんじゅうを
その場でぱくり**

明治30年代創業の老舗の和菓子店で、高尾山にちなん和菓子を販売している。店先で販売している高尾まんじゅうは、高尾山の定番みやげとして人気。

☎042-661-0048 住八王子市高尾町2474 ⏰9〜17時 休不定休 交京王電鉄高尾山口駅から徒歩3分 P2台
MAP付録P9B2

高尾山の大杉をイメージした大杉まんじゅう2本入700円

高尾まんじゅう1個110円はつぶ餡とこし餡の2種類

4 高尾山焼き処 たこ住
たかおさんやきどころ たこずみ

たこ焼きをサンドした斬新なグルメ

山芋を生地に練りこんだフワフワのたこ焼き。そのたこ焼きをたこせんべいに挟んだユニークなテイクアウトグルメ「たこせん」が看板商品。ハイシーズンには行列ができるほどの人気だ。

☎090-9807-7523 住八王子市高尾町2479 ⏰11時30分～17時（売切れ次第閉店）休月～金曜、雨天時 交京王電鉄高尾山口駅から徒歩3分 Pなし
MAP付録P9B2

山芋たこせん180円はパリッと豪快に味わおう

岩塩またはソースで味わう、たこ焼6個500円

みやげ店たま屋に併設している

5 四季の桜
しきのさくら

女子受けしそうなハイセンスみやげ

参道入口にあるかわいらしいショップ。店内には天狗グッズやオリジナル調味料、高尾ビールなどがずらりと並ぶ。ソフトクリームなどのテイクアウトメニューも充実。

☎042-663-6808 住八王子市高尾町2208 ⏰10時～一日によって変動あり（要問合せ）休不定休 交京王電鉄高尾山口駅から徒歩4分 Pなし
MAP付録P9A2

地元のブルワリーで造られる高尾ビール1本780円

天狗みそ600円は青唐辛子入りのピリ辛味噌

天狗ぬいぐるみ1200円（小）はとてもキュート

高尾山にちなんだみやげがずらり

高尾山 ● 高尾山の参道でグルメ＆みやげ探し

④ 高尾山焼き処 たこ住

⑤ 四季の桜

⑥ 手焼きせんべい くし田

⑦ 売店やまゆり
ケーブルカー清滝駅

6 手焼きせんべい くし田
てやき せんべい くしだ

一枚一枚手焼きする職人さんのせんべい

豊富な品揃えのせんべい店。しょうゆ味のほか、味噌、ごま、ニンニクなど約20種類が揃う。土・日曜、祝日には焼きたてのせんべいが味わえる。

☎042-667-5313 住八王子市高尾町2478 ⏰10～17時 休不定休 交京王電鉄高尾山口駅から徒歩3分 Pなし
MAP付録P9B2

左からとうがらし、ザラメ、みそなど各種1枚75円～

国産の米を使用したせんべいを備長炭で焼き上げている

7 売店やまゆり
ばいてんやまゆり

高尾登山電鉄のポップなグッズに注目

ケーブルカーの清滝駅改札横にあり、下山後にみやげを選べる。小さい店ながら、天狗黒豆まんじゅうなど高尾山の名物みやげや、高尾登山電鉄オリジナル商品など充実した品揃え。

☎042-661-4151（高尾登山電鉄）住八王子市高尾町ケーブルカー清滝駅改札横 ⏰9～16時 休無休 交京王電鉄高尾山口駅から徒歩5分 Pなし
MAP付録P9A2

しっとりと焼き上げた、高尾山バウムクーヘン750円

ミニハンカチタオル550円は「あおば号」「もみじ号」の2種類

📖 参道沿いには有喜堂本店の甘味処があり、あんみつやおしるこを楽しめます。

眺めのよい開放的な空間で
極上のカフェタイムを過ごしましょう

安らぎのひとときを過ごせる素敵なカフェ。
こだわりのランチやスイーツと一緒に過ごしましょう。

ああ
たかおねきっちん
タカオネKITCHEN

新鮮な野菜を使った料理がずらり

シンプルに高尾ステイを実現するための宿泊施設タカオネ（☞P102）に併設されたキッチン。宿泊客以外でも気軽に利用できる。ランチでは農園野菜のサラダプレート1100円をはじめ、主菜、副菜が日替わりのタカオネプレート1580円がおすすめ。スイーツやドリンクも充実している。

☎なし 住八王子市高尾町2264 ⏰モーニング8時〜10時30分LO、ランチ11時〜14時30分LO、ディナー15〜19時LO（金・土曜は〜20時LO）休不定休 交京王電鉄高尾山口駅から徒歩1分 Pなし MAP付録P9C1

採光たっぷりの明るい店内

ベリーとマスカルポーネの
フレンチトースト　1000円
しっとりとしたフレンチトーストに、マスカルポーネとベリーの酸味が絶妙

イタリアンプリン
500円
マスカルポーネを入れることでほどよい固さと甘さに仕上がっている

こちらも人気

バーガー
かふぇ しゅしゅ
CAFE CHOU CHOU

バリエーション豊富なグルメバーガー

粗挽きのジューシーなパティとこだわりのバンズを使ったグルメバーガーが人気で、味はテリヤキやミートソースなど8種類。カフェの奥には抹茶をいただける茶室もある。

☎042-673-3917 住八王子市高尾町1912 ⏰10〜23時 休水曜、第1・3木曜 交京王電鉄高尾山口駅から徒歩9分 P3台 MAP付録P8C2

テラス席はペット連れOK

こちらも人気

TAKAO BURGER
1430円
高尾をイメージした4つのミニバーガーが並ぶ

CHEESE BURGER
（スタンダード）
1430円
牛肉100%のパティにたっぷりのチーズがマッチ。ポテトフライとピクルス付き

惣菜ベーカリー＆カフェ
いなかっぺで
映えサンド

スタッフは全員高尾出身で、店名は田舎＋コッペパンから。コッペパンは惣菜系から甘い系まで揃い、断面が美しいフルーツサンドも人気がある。
☎042-698-4352
MAP 付録P3C4

コーヒー
たかおこーひー
TAKAO COFFEE
自家焙煎の本格的なコーヒーを堪能

店内で豆から焙煎し、丁寧にハンドドリップした約15種類のコーヒーを気軽に楽しめる専門店。
☎042-662-1030 **住**八王子市高尾町2400-1 **◯**10〜18時 **休**無休 **交**京王電鉄高尾山口駅から徒歩4分 **P**なし（隣接の有料駐車場利用で割引サービスあり）
MAP 付録P9B2

店内はシックな印象

ティラミス　770円
山中湖の人気店ペパームーンと同じレシピで作られている。やまびこブレンド605円と一緒に

こちらも人気

ブラジル山口農園（右）、グアテマラ（左）　各100g972円
種類豊富なコーヒー豆も販売

とろろピッツァ炭火焼職人風
1870円〜
香ばしい生地に、高尾山名物の月見ととろろカルボナーラソースが相性抜群！

こちらも人気

高尾豆腐のシフォンケーキ　650円
高尾山の濃厚な豆腐を使ったシフォンケーキは、ヘルシーでやさしい味わい

イタリアン
たかおさんふもとや
高尾山FuMoToYA
高尾山口駅直結のイタリアンカフェ

石窯で焼きあげたもちもちのナポリ風ピザや自家製麺のパスタ、スイーツが味わえる。ピザとパスタはドリンクバーと前菜ビュッフェ付き。
☎042-667-7568 **住**八王子市高尾町2241 **◯**11時〜閉店時間は要問合せ **休**不定休 **交**京王電鉄高尾山口駅からすぐ **P**あり **MAP** 付録P9B1

居心地のよい空間

軽食
すみか てーぶる
SUMIKA TABLE
特製カレーとスイーツが自慢

高尾山スミカ2階にあり、四季折々の景色を眺めながら特製カレーやドリンクを楽しめる。
☎042-661-4151（高尾登山電鉄）**住**八王子市高尾町2182高尾山スミカ2階 **◯**10時〜16時30分（冬期は〜16時）**休**無休 **交**ケーブルカー高尾山駅からすぐ **P**なし **MAP** 付録P8B2

眺望のよいカウンター席

高尾山バウムクーヘン　500円
みやげとしても人気の甘さ控えめのバウムクーヘンと、高尾山ブレンド600円

こちらも人気

ふわふわのホットケーキ　600円
まるでスフレのような厚みのあるホットケーキ。ふわふわでしっとりとした食感

 高尾山FuMoToYAには足湯があり登山の疲れを癒せます

高尾山の標高599mを冠にした自然に溶け込むミュージアムへ

多彩な展示で高尾山の自然を共有できる新しいミュージアム。
誰もが集い、ゆったり過ごせるカフェや芝生もありますよ。

▲周囲の自然に調和するように立つミュージアム。芝生にある
599BENCHが映えスポット

たかおごーきゅーきゅーみゅーじあむ
高尾599ミュージアム

高尾山の魅力を学び、未来を共有する

「みんなでSHAREするミュージアム」をコンセプトに、高尾山の豊かな自然を紹介している。ミュージアムではアクリル樹脂に封入された草花や、プロジェクションマッピングなどが見られる。アーティスティックな空間で、リアルな自然を体感できる。

☎042-665-6688 住八王子市高尾町2435-3 ¥入館無料
◐8～17時(12～3月は～16時) 休無休(メンテナンスによる休館あり) 交京王電鉄高尾山口駅から徒歩4分 Pなし(周辺有料駐車場を利用) MAP付録P9B2

▲599SHOPで販売して
いるオリジナルステッカー
各100円

▶多摩産材を
使用した定規は
各400円

599GARDENもチェック！

美しい緑の芝生広場に599の数字をモチーフにしたモニュメント「599BENCH」や、子どもたちに人気のじゃぶじゃぶ池がある。館内には高尾山の起伏を再現した憩いのスペースも好評。

1 館内ではプロジェクションマッピングで高尾山の四季を紹介 2 多種多様な生き物をアートで紹介している 3 約7分間の映像を上映するNATURE WALL 4 16の展示台が並び、高尾山の昆虫や植物を展示するNATURE COLLECTION 5 今にも飛び立ちそうな蝶の標本。昆虫標本は全200種以上 6 館内の599CAFEではサイフォン式の高尾珈琲ブレンド550円を飲める

画像提供：高尾599ミュージアム

高尾山 ● 自然に溶け込むミュージアムへ

━ レストラン＆おみやげスポットはココ ━

ごーきゅーきゅーかふぇ
599CAFE

明るく開放的な空間に多摩産材のテーブルと椅子がずらりと並び、緑の芝生を眺めながらくつろげるカフェ。サイフォンで煎れた香り高いコーヒーと、スイーツや軽食を楽しめる。休憩のみの利用や、食べ物の持ち込みも可能だ。

🕐11～17時（12～3月は～16時）※LOは各閉店30分前

▲ホットドッグ500円など軽食やスイーツも充実

ごーきゅーきゅーしょっぷ
599SHOP

高尾599ミュージアムの個性がつまったミュージアムショップ。モンベル社製のオリジナルTシャツ、登山や自然観察に役立つA6ノートなど、さらにステッカーやポストカードなどオリジナルグッズを取り揃えている。

🕐高尾599ミュージアム閉館の30分前に閉店

▲高尾山の自然を描いた10種類のポストカード各150円が定番

📖 599CAFEでは八王子産のミルクを使ったみるくワッフルも人気です。

高尾山での新しい過ごし方 ステイ&温泉も充実しています

焚き火に癒やされる〜

都心から近いとはいえ、せっかくなら宿泊して高尾山を満喫したい。
そんな人におすすめの宿泊施設が、山麓周辺に点在しています。

たかおね
タカオネ

**魅力いっぱいの活動ホテルで
サンライズハイキングへ出発**

宿泊者がそれぞれの高尾ステイを実現するための施設やサービスを完備した宿泊施設。28室ある客室は全4タイプで、1人でも気軽に泊まれる。地元食材を使った食事が楽しめるキッチン、宿泊者同士の交流ができるラウンジなど設備も充実。早朝から高尾山のご来光スポットに行けるツアーもおすすめ。

☎なし 住八王子市高尾町2264 ¥○1泊朝食付7000円〜 ○IN15時／OUT10時 ○京王電鉄高尾山口駅から徒歩1分 Pなし MAP付録P9C1

❶中庭を望むテラススペースも思い思いに過ごせる快適な空間 ❷宿泊者専用のルーフトップもおすすめ ❸高尾山のご来光を楽しむなど、多彩なツアーも用意されている

こちらもCHECK!

キッチンでは単品やコース料理のほか、クラフトビールも味わえる

極楽湯に
あるほぐし処で
リラックス

山歩きの疲れを癒やしたいなら、ほ
ぐし処がおすすめ。ボディケアや足
裏フットケアなどのリラクゼーショ
ンが20分2300円～と、気軽に受
けられる。
☎042-664-0760(直通電話)
MAP付録P9B1

高尾山 ●ステイ&温泉も充実

まうんとたかおべーすきゃんぷ

Mt.TAKAO BASE CAMP

高尾山を楽しむための
便利な施設が充実

京王高尾山口駅にほど近い、山小屋スタイ
ルの宿泊施設。山遊びの拠点として利用で
きるほか、ハイクやトレイルランなどの各種
イベントも充実。ゲストハウスは2階に3タイ
プの部屋が用意され、ドミトリー(相部屋)
の部屋もプライバシーに配慮されている。
☎0426-73-7707 ⓘ八王子市高尾町1799-3
¥1泊素泊まり(ドミトリー)3000円～ ⓘIN15時/
OUT9時30分※カフェ&バー6～20時(フードは
7時～)、シャワー・ロッカー・各種ギアレンタル6～
20時 ⓧ京王電鉄高尾山口駅から徒歩3分 Ⓟなし
MAP付録P8C2

二段ベッドはプライ
バシーや設備も充実

こちらも
CHECK!

骨付き鶏もも肉の
BASE CAMPカ
レー1350円がお
すすめ

❶山のライフスタイル
とカルチャーを発信す
る山小屋 ❷カフェ&
バーでは高尾山バー
ガーやクラフトビール
を味わいたい

けいおうたかおさんおんせん/ごくらくゆ

京王高尾山温泉/極楽湯

ハイキングの後は
駅直結の温泉へ

地下約1000mから湧き出る天然温泉を
利用した立ち寄り湯。高尾の自然に調和す
る和の雰囲気を大切にしており、岩造りの
露天風呂やマイクロバブルの檜風呂など、
7種類の風呂を完備。食事処やみやげ処
なども併設され、ハイキング後にのんびり
できる。
☎042-663-4126 ⓘ八王子市高尾町2229-7
¥入浴1000円(土・日曜、祝日と繁忙期は1200円)
ⓘ8時～22時45分(最終入館は～22時) ⓗ無休
(点検日休業あり) ⓧ京王電鉄高尾山口駅からすぐ
Ⓟ110台
MAP付録P9B1

京王高尾山口駅からも
見える日帰り温泉施設

こちらも
CHECK!

のど越しのよいそばが
人気の特上天ざるそば
1380円が定番メニュー

❶ぬる湯とあつ湯を備
えた、野趣あふれる岩
造りの露天風呂 ❷半
露天で森林浴効果が
あるといわれる檜風呂

秩父・高尾山の知っておきたいエトセトラ

旅がもっと楽しくなる、秩父・高尾山にまつわる本を紹介。
道の駅、みやげ、季節のおでかけ情報もチェックしましょう。

読んでおきたい本

ジオパーク、山歩き、秩父札所めぐりを詳しく知るために、こんな本はいかがでしょうか？

秩父に息づく大地の記憶

都心に直結した「地球の箱庭」秩父。そこに広がる「ジオパーク秩父」の魅力を伝える公式ガイドブック。秩父にある34カ所のジオサイトをエリアごとに紹介し、MAPやみどころなどを掲載している。
秩父まるごとジオパーク推進協議会／さきたま出版会／2021年／1650円

奥武蔵・秩父 峠歩きガイド

秩父エリアにはお手軽なハイキングを楽しめるコースも多いが、せっかくなら峠道を歩くのもおすすめ。本書では23コース37の峠道を紹介し、峠歩きの魅力を伝える。ルート設定、みどころなどのアドバイスも充実している。
著 大久根茂／さきたま出版会／2015年／2090円

秩父三十四カ所めぐり

西国・坂東とともに、日本百観音として、中世以来の歴史を誇る秩父三十四カ所について、第1番札所の四萬部寺から第34札所の水潜寺までの霊場を紹介。春から夏にかけて咲き誇る花々などの美しい写真も。
著 内田和浩／JTBパブリッシング／2016年／1760円

立ち寄りたい道の駅

秩父・長瀞エリアに点在する道の駅は、特産品や地元のみやげをまとめ買いするのに便利な観光拠点。温泉や体験施設、資料館を併設する道の駅もある。旅の目的地の一つに加えてみてはいかが。

道の駅ちちぶ

地元の野菜やアニメグッズなどが揃う。
☎0494-21-2266 住秩父市大宮4625 ⏰9時30分～17時30分（季節により変動あり）休無休（臨時休業あり）交関越道花園ICから車で25km ₽83台 MAP付録P5B2

道の駅あらかわ

豊かな自然に囲まれた奥秩父エリアにある。地元産のそば粉400g680円～がおすすめ。
☎0494-54-0022 住秩父市荒川日野538-1 ⏰9～17時（12～2月は～16時）休無休 交関越道花園ICから車で34km ₽55台 MAP付録P7上B2

道の駅みなの

秩父・長瀞への玄関口にあたる道の駅。朝どれ野菜、地元野菜の漬け物などが好評。
☎0494-62-3501 住皆野町皆野3236-35 ⏰8時30分～17時 休無休 交関越道花園ICから車で16km ₽55台 MAP付録P6B4

道の駅龍勢会館

館内の大型スクリーンで龍勢祭の様子を上映している。
☎0494-77-0333 住秩父市吉田久長32 ⏰9時～16時30分 休火曜（祝日の場合は翌日）交関越道花園ICから車で23km ₽86台 MAP付録P4A2

道の駅大滝温泉

特産品の販売のほか、大滝温泉遊湯館（入浴700円～）も併設。
☎0494-55-0126 住秩父市大滝4277-1 ⏰9～17時（大滝温泉遊湯館は10～20時）休不定休 交関越道花園ICから車で50km ₽77台 MAP付録P7下B1

道の駅両神温泉薬師の湯

町営の日帰り温泉施設（入浴600円）が中心。
☎0494-79-1533 住小鹿野町両神薄2380 ⏰10～20時（店舗による異なる）休火曜（祝日の場合は翌日）交関越道花園ICから車で34km ₽100台 MAP付録P7上A1

秩父の定番みやげ

昔から食べ継がれた伝統菓子から話題のみやげまで、これだけはおさえておきたい定番商品がこちら。

ちちぶ餅

140年以上親しまれた甘さ控えめのつぶ餡がたっぷりの銘菓。3個入り420円。
水戸屋本店 ☞P34

秩父自慢

白いんげん豆と刻み栗の入った白餡を使い、クルミをトッピング。10個入り1260円。
八幡屋本店 ☞P34

しゃくしな漬

秩父の伝統野菜「しゃくし菜」の漬け物。シャキシャキ食感の一品。300g380円。
じばさん商店 ☞P34

すのうぼうる

カエデ糖で風味づけして手作りしたサクサク生地のクッキー。8個入り400円。
秩父菓子処栗助 ☞P34

ポテくまくんのおやつ

香ばしいアーモンドプードルに焦がしバターを合わせた焼き菓子。1個280円。
水戸屋本店 ☞P34

プレミアム・ウイスキーケーキ イチローズモルト

秩父生まれの「イチローズモルト」を含ませたウイスキーケーキ。1500円。
秩父庵 玉木家 ☞P19

季節のおでかけ

その季節にしか見られない絶景や花の名所など、期間限定のスポットへおでかけしましょう。

4月中旬～5月上旬

羊山公園の芝桜

武甲山を借景に、10品種40万株の芝桜が丘一面に咲き誇る。
☞P18

5月中旬～6月上旬

秩父高原牧場のポピー

標高500mの牧場内に咲き誇る1000万株のポピーが見事。
MAP 付録P4C2

10～11月の早朝

美の山公園の雲海

関東有数の雲海スポット。秋の早朝に発生することが多い。
☞P61

11月中旬～下旬

高尾山の紅葉

高尾山薬王院や山頂付近など、紅葉スポットが点在。
☞P88

12月下旬

高尾山からのダイヤモンド富士

冬至の前後数日、富士山に沈む光景が見られる。

1月下旬～2月中旬

三十槌の氷柱

氷柱は高さ8m、幅30mで岩肌からの湧き水が凍ったもの。
☞P51

四季・服装

秩父盆地の夏は暑く、冬は寒い。どの季節も魅力的だが、昼夜の気温差も含め服装に工夫が必要だ。

 春

3月下旬から山あいや里山に可憐な花々が色付け。GWの羊山公園は混雑必至。5月上旬～6月上旬の新緑のハイキングがおすすめ。

[服装]
昼夜の気温差があるため、ジャケット、カーディガン、パーカーなどは持ち歩きたい。

 夏

雨の多くなる6月～7月上旬は閑散期。7月中旬からはアウトドア系のアクティビティで賑わう。長瀞のかき氷は行列になるところも多い。

[服装]
7～8月は東京よりも気温が高くなる日も多いため、一日中半袖で十分。

 秋

9月中旬～10月中旬は涼しく過ごしやすい時期。山歩きにもぴったりな気候で多くのハイカーが訪れる。紅葉シーズンは寒くなるので注意。

[服装]
市街地観光では東京での服装と変わらないが、ハイキングでは防寒対策もしっかりと。

冬

11月下旬からはぐっと冷え込む日も多くなり、奥秩父エリアでの路面凍結にも注意が必要。各所で見られる絶景の氷柱は冬の風物詩。

[服装]
山あいでは積雪になるところもあるので、万全の防寒着はもちろん靴はスニーカーで。

秩父・長瀞・高尾山への交通

秩父・長瀞方面へは西武鉄道や東武東上線、高尾山方面へはJR利用が一般的。
いずれも都心からアクセスしやすいので、自分にあったルートで出かけましょう。

秩父・長瀞・三峰方面へ

秩父方面へは西武鉄道の特急（ラビュー）が1時間ごとに運行。三峰口・長瀞方面へは、終点の西武秩父駅から徒歩約7分の御花畑駅で秩父鉄道に乗り換えが必要。土・日曜、祝日には飯能駅発の三峰口駅・長瀞駅行き直通列車が運転。他にも長瀞・三峰口へは西武・東武・JRを利用し、御花畑・寄居・熊谷駅のいずれかから秩父鉄道に乗り換える。

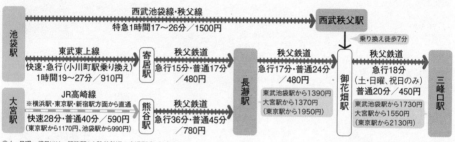

西武池袋線・秩父線
特急1時間17〜26分／1500円

池袋駅

東武東上線
快速・急行（小川町駅乗り換え）
1時間19〜27分／910円

寄居駅

秩父鉄道
急行15分・普通17分
／480円

JR高崎線
※横浜駅・東京駅・新宿駅方面から直通
快速28分・普通40分／590円
（東京駅から1170円、池袋駅から990円）

大宮駅

熊谷駅

秩父鉄道
急行36分・普通45分
／780円

長瀞駅

秩父鉄道
急行17分・普通24分
／480円
東武池袋駅から1390円
大宮駅から1370円
（東京駅から1950円）

西武秩父駅

乗り換え徒歩7分

御花畑駅

秩父鉄道
急行18分
（土・日曜、祝日のみ）
普通20分／450円
東武池袋駅から1730円
大宮駅から1550円
（東京駅から2130円）

三峰口駅

◎土・日曜、祝日には、飯能駅から秩父鉄道へ直通列車が2本ある。

飯能方面へ

西武鉄道池袋駅から20〜30分ごとに急行が出る。他に、特急券が必要だが特急（ラビュー）なら速いうえ快適。

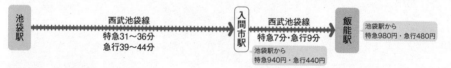

池袋駅

西武池袋線
特急31〜36分
急行39〜44分

入間市駅

西武池袋線
特急7分・急行9分
池袋駅から
特急940円・急行440円

飯能駅

池袋駅から
特急980円・急行480円

高尾山方面へ

新宿駅から土曜・休日は20分ごとに出る京王線の高尾山口駅行きの特急が直通で速いうえ、運賃もJR中央線利用より安くて便利。東京駅からなら、15〜20分ごとに出るJR中央線の「中央特快」に乗り、高尾駅で京王線に乗り換える。新宿駅で乗り換えてもいいが、高尾駅の方が乗り換えは分かりやすい。

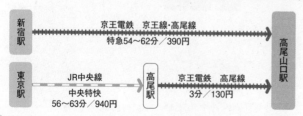

新宿駅

京王電鉄　京王線・高尾線
特急54〜62分／390円

東京駅

JR中央線
中央特快
56〜63分／940円

高尾駅

京王電鉄　高尾線
3分／130円

高尾山口駅

▲紅葉をイメージしたケーブルカー「もみじ号」

おトクなきっぷを活用しよう

きっぷ	ポイント	<販売箇所> ねだん	有効 日数	問合せ
秩父 フリーきっぷ （下図①）	秩父周辺の西武鉄道（芦ケ久保駅〜西武秩父駅間）、秩父鉄道（野上駅〜三峰口駅間）のフリー乗車券に、西武鉄道各駅からの往復をセット。ロープウェイなどの割引もある。	<西武鉄道の主要駅で販売> 西武池袋・西武新宿駅から 2350円	2日	西武鉄道お客さまセンター ☎04-2996-2888
秩父路遊々 フリーきっぷ （下図②）	秩父鉄道全線が1日乗り降り自由。土・日曜、祝日と夏休み、年末年始などに販売。SL列車に乗る場合は、座席指定券が別に必要。	<秩父鉄道の主要駅で販売> 1600円	1日	秩父鉄道 ☎048-580-6363
SAITAMA プラチナルート 乗車券	東武鉄道の東上線・越生線の全線と秩父鉄道の寄居駅〜三峰口駅間が1日乗り降り自由。東武鉄道のTJライナーや秩父鉄道のSL列車に乗る場合は別途料金が必要。	<東武鉄道・秩父鉄道の フリーエリア内の各駅で販売> 1900円	1日	東武鉄道 ☎03-5962-0102 秩父鉄道 ☎048-580-6363
高尾山きっぷ	京王線で高尾山口駅までの往復と、高尾山ケーブル・リフトの乗車券（片道または往復）をセット（20%引き）。 12/31〜1/3の販売はなし。	<高尾山口駅を除く、京王電鉄の各駅で販売> ●京王往復＋ケーブルまたはリフト往復の場合 新宿駅・渋谷駅から1390円	1日	京王電鉄 お客さまセンター ☎042-357-6161

図① 秩父フリーきっぷ

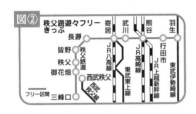

図② 秩父路遊々フリーきっぷ

☎ 問合せ先

バス

● 西武観光バス（秩父）
☎ 0494-22-1635
● 皆野町営バス
☎ 0494-62-1230
● 小鹿野町営バス
☎ 0494-79-1122
● 国際興業バス（飯能）
☎ 042-973-1161

● 川越観光自動車
☎ 0493-56-2001
● 西東京バス（氷川）
☎ 0428-83-2126
● 西東京バス（五日市）
☎ 042-596-1611
● 西東京バス（楢原）
☎ 042-623-1365
● 西東京バス（恩方）
☎ 042-650-6660

鉄道

● JR東日本（お問い合わせセンター）
☎ 050-2016-1600
● 西武鉄道（お客さまセンター）
☎ 04-2996-2888
● 秩父鉄道
☎ 048-580-6363
● 東武鉄道（お客さまセンター）
☎ 03-5962-0102
● 東京地下鉄（東京メトロ）
☎ 0120-104106
● 京王電鉄（お客さまセンター）
☎ 042-357-6161

ケーブルカー・ロープウェイ・遊覧船など

● 宝登山ロープウェイ（宝登興業）
☎ 0494-66-0258
● 長瀞ライン下り（秩父鉄道）
☎ 0494-66-0950
● 高尾登山ケーブル
（高尾登山電鉄）
☎ 042-661-4151

秩父・長瀞・高尾山での交通

最寄りの駅から路線バスが出ているので、目的地にあわせて利用しよう。

🌸 高尾山でののりもの

●ケーブルカー

京王線高尾山口駅から徒歩5分ほどの清滝駅と高尾山駅間を6分ほどで結ぶ。高低差は271mで、途中には31度18分(1000m進んでおよそ600m登る坂)という、ケーブルカーのなかでは日本で最も急な坂がある。

大人 片道：490円　往復：950円

8時始発〜15分間隔で運転、終発は季節や曜日によって異なる。

●リフト

清滝駅脇の山麓駅と山上駅間の全長872mを結ぶ。昭和39年(1964)に1人乗りリフトとして開設されたが、昭和46年(1971)に2人乗りに改修。リフトの場合、上りより下りのほうが眼下に広がる八王子などの街並みなど、景色を楽しめる。

大人 片道：490円　往復：950円

平日は9時〜16時30分(12〜4月は〜16時)。

土・日曜、祝日は変更あり。

秩父・長瀞・高尾山方面へのドライブ情報

クルマの場合は圏央道や関越道を利用するのが一般的。
首都圏からのアクセスルートやエリア間の移動を把握してドライブしよう。

秩父・長瀞・三峰方面へ車で行く

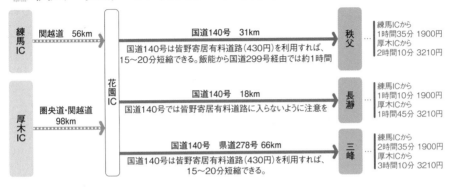

練馬IC — 関越道 56km — 花園IC — 国道140号 31km — 秩父
国道140号は皆野寄居有料道路（430円）を利用すれば、15〜20分短縮できる。飯能から国道299号経由では約1時間

厚木IC — 圏央道・関越道 98km — 花園IC

練馬ICから 1時間35分 1900円
厚木ICから 2時間10分 3210円

花園IC — 国道140号 18km — 長瀞
国道140号では皆野寄居有料道路に入らないように注意を

練馬ICから 1時間10分 1900円
厚木ICから 1時間45分 3210円

花園IC — 国道140号 県道278号 66km — 三峰
国道140号は皆野寄居有料道路（430円）を利用すれば、15〜20分短縮できる。

練馬ICから 2時間35分 1900円
厚木ICから 3時間10分 3210円

飯能方面へ車で行く

練馬IC — 圏央道・関越道 37km — 狭山日高IC
厚木IC — 圏央道 61km — 狭山日高IC

狭山日高IC — 県道347号・国道299号・県道347号 7km — 飯能
国道299号を左折後の市街地では右左折が多くなる

練馬ICから 45分 1280円
厚木ICから 1時間10分 2140円

高尾山方面へ車で行く

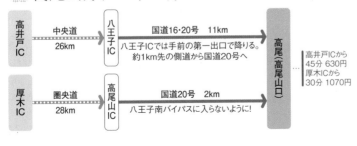

高井戸IC — 中央道 26km — 八王子IC — 国道16・20号 11km — 高尾（高尾山口）
八王子ICでは手前の第一出口で降りる。約1km先の側道から国道20号へ

厚木IC — 圏央道 28km — 高尾山IC — 国道20号 2km — 高尾（高尾山口）
八王子南バイパスに入らないように!

高井戸ICから 45分 630円
厚木ICから 30分 1070円

☎問合せ先
日本道路交通情報センター
● 首都高速情報
　☎ 050-3369-6655
● 埼玉情報
　☎ 050-3369-6611
● 都内情報
　☎ 050-3369-6613
● 全国共通ダイヤル
　☎ 050-3369-6666

レンタカー予約センター
● トヨタレンタカー
　☎ 0800-7000-111
● 日産レンタカー
　☎ 0120-00-4123
● ニッポンレンタカー
　☎ 0800-500-0919

※所要時間は目安です。金額はETC利用の普通車通行料金で、現金払いでは異なることがあります。

INDEX さくいん

あ

- アウトドアセンター長瀞 …… 41
- 曙亭 …… 88
- 阿左美冷蔵 金崎本店 …… 44
- あしがくぼ果樹公園村 …… 67
- あしがくぼの氷柱 …… 61
- あめつちまにまに …… 22
- 新木鉱泉旅館 …… 73
- 今宮坊 …… 57
- 岩畳 …… 42・61
- 海のオーケストラ号 …… 81
- 栄誠堂 …… 34
- SLパレオエクスプレス …… 49
- ゑびすや …… 55
- エンマの劇場 …… 81
- 大滝温泉 遊湯館 …… 71
- 大見晴園地 …… 88
- 大見晴亭 …… 95
- 小鹿野歌舞伎 …… 55
- お食事処 やまびこ茶屋 …… 95
- お豆ふ処うめだ屋 …… 48
- 尾ノ内氷柱 …… 54
- 表参道Lab. …… 23
- おふろcafé 白寿の湯 …… 69
- お休み処「空&閑」 …… 22
- おやつ本舗 …… 29

か

- 会席料理 琵琶家・別館 清流亭 …… 96
- 霞台 …… 89
- カヌー工房 …… 79
- CAFE CHOU CHOU …… 98
- 観音茶屋 …… 55
- ギャラリー喫茶やました …… 45
- 旧秩父橋 …… 32
- cucina salve …… 32
- 京王高尾山温泉/極楽湯 …… 103
- ケーブルカー …… 89・91
- けやき公園 …… 36
- 元六 …… 55

- 599CAFE …… 101
- 599SHOP …… 101
- 珈琲 千茶古 …… 33
- コーヒー&パフェにしき …… 55
- コケムス …… 80
- 小松沢レジャー農園 …… 67

さ

- 西光寺 …… 57
- 埼玉県立自然の博物館 …… 48
- 彩の国ふれあいの森 …… 54
- SAIBOKU …… 79
- 栄茶屋 …… 94
- ジオパーク秩父事務局 …… 63
- 四季の桜 …… 97
- 慈眼寺 …… 57
- じばさん商店 …… 21・34
- 十一丁目茶屋 …… 95
- JURIN's GEO …… 62
- 浄心門 …… 91
- 少林寺 …… 57
- 定林寺 …… 57
- SUMIKA TABLE …… 99
- 炭火焼きホルモン心 …… 25
- 星音の宿ばいえる …… 69
- 西武秩父駅前温泉 祭の湯 …… 28・68
- 惣菜ベーカリー&カフェいなこっぺ …… 99
- そば処大むら …… 25
- そば処まるた …… 33
- そばの杜 …… 24

た

- 大慈寺 …… 37
- 太陽寺 …… 53
- 高尾599ミュージアム …… 100
- TAKAO COFFEE …… 99
- 高尾山口観光案内所（むささびハウス）…… 96
- 髙尾山 髙橋家 …… 95
- 高尾山山頂 …… 90
- 高尾山スミカ …… 91

- 高尾山ビアマウント …… 88
- 高尾山FuMotoYA …… 99
- 高尾山焼き処 たこ住 …… 97
- 高尾山薬王院 …… 91・92
- タカオネ …… 102
- タカオネKITCHEN …… 98
- 高尾ビジターセンター …… 90
- 高砂ホルモン …… 25
- たこ杉 …… 91
- たぬ金亭 …… 24
- 秩父庵 玉木家 …… 19
- 秩父今宮神社（八大龍王宮）…… 20
- 秩父うさぎだ食堂 …… 27
- 秩父小鹿野温泉旅館 梁山泊 …… 75
- ちちぶ温泉 はなのや …… 73
- 秩父温泉 満願の湯 …… 70
- 秩父温泉郷囲炉裏の宿 小鹿荘 …… 73
- 秩父菓子処栗助 …… 34
- 秩父からあげきすけ食堂 …… 33
- 秩父川端温泉 梵の湯 …… 70
- 秩父館 丹一 …… 48
- 秩父観光情報館 …… 34
- 秩父湖 …… 54
- ちちぶ路 …… 54
- 秩父ジオグラビティパーク …… 64
- 秩父市役所 …… 37
- 秩父蒸溜所 …… 35
- 秩父神社 …… 20・36・58
- 秩父そば・武蔵野うどん …… 28
- 秩父鉄道長瀞ラインくだり …… 40
- 秩父美人屋台 …… 29
- 秩父ファーマーズファクトリー 兎田ワイナリー …… 26
- 秩父フルーツファーム …… 66
- 秩父まつり会館 …… 32
- 秩父祭絵麺 …… 28
- ちちぶみやげ市 …… 29
- 秩父ミューズパーク …… 60
- ちちぶ銘仙館 …… 21
- 秩父やまなみチーズ工房 …… 27
- 秩父湯元 武甲温泉 …… 71

 観光見どころ　 寺院　 神社　 プレイスポット　 レストラン・食事処　 居酒屋・BAR　 カフェ・喫茶

🅢 秩父夜祭 ·················· 30
🅢 秩父ワイン ·················· 55
🅢 秩父わらじかつ亭 ·········· 28
🅢 茶夢 ·························· 43
🅢 茶店 八兵衛 ················· 45
🅢 月の石もみじ公園 ·········· 43
🅢 ツグミ工芸舎百果店ひぐらしストア ··· 20
🅢 手打ち十割さらしな蕎麦きりみやび庵 ··· 32
🅢 手打ちそば水沢 ·········· 54
🅢 手焼き せんべい くし田 ··· 97
🅙 寺坂棚田 ···················· 61
🅙 天然自家源泉 星音の湯 ··· 69
🅙 陶芸体験工房「一隅舎」ichigu-sha··· 48
🅙 灯台 ·························· 81
🅙 巴川橋 ························ 37
🅙 丼屋 炙り ···················· 28

な

🅙 中津峡 ························ 54
🅢 長瀞オートキャンプ場 ······ 77
🅙 長瀞 古沢園 ················· 48
🅙 長瀞とガレ ··················· 43
🅢 Nolla naguri················ 76
🅢 nordics ····················· 82

は

🅢 パーラーコイズミ ············ 33
🅢 売店やまゆり ················ 97
🅢 バギートレックアドベンチャー ····· 65
🅙 橋立鍾乳洞 ··················· 62
🅢 花のおもてなし 長生館 ······ 74
🅢 パリー食堂 ··················· 21
🅢 PICA秩父 ···················· 77
🅢 羊山公園・芝桜の丘 ·········· 18
🅢 フォレストアドベンチャー・秩父 ··· 65
🅢 フォレストサンズ長瀞 ········ 76
🅢 ふくろや ···················· 48
🅢 武甲山資料館 ················ 32
🅢 武甲酒造 ···················· 19
🅢 豚みそ丼本舗野さか ·········· 33

🅢 仏舎利塔 ···················· 91
🅢 ぶどう工房OIKOS ············ 67
🅢 ふれあい牧場 ················ 19
🅢 ヘムレンさんの遊園地 ········ 81
🅢 蓬莱島公園 ··················· 43
🅢 北欧雑貨 ···················· 84
🅢 牧水の滝 ···················· 37
🅢 ホテル 美やま ··············· 72
🅢 寶登山神社 ··············· 46・58
🅢 宝登山ハイキングコース ······ 46
🅢 宝登山臘梅園 ················ 46
🅢 宝登山ロープウェイ ·········· 47
🅢 本格手打わへいそば ·········· 32
🅢 本家松月 ···················· 34

ま

🅢 マイルストーン ··············· 21
🅢 Mt·TAKAO BASE CAMP··· 103
🅢 将門園 ······················ 66
🅢 まつり茶屋 ··················· 29
🅢 豆の大沢屋 ··················· 48
🅢 マロウドイン飯能 ············· 79
🅢 満願ビレッジオートキャンプ場 ··· 77
🅢 道の駅あらかわ ·············· 104
🅢 道の駅大滝温泉 ·············· 104
🅢 道の駅ちちぶ ··········· 37・104
🅢 道の駅みなの ··············· 104
🅢 道の駅龍勢会館 ·············· 104
🅢 道の駅両神温泉薬師の湯 ····· 104
🅢 三峯神社 ················ 52・58
🅢 水戸屋本店 ··················· 34
🅢 美の山公園 ··················· 61
🅢 見晴らしの丘 ················· 19
🅢 みやま橋 ···················· 89
🅢 宮本の湯 ···················· 75
🅢 ムーミン谷の食堂 ············ 83
🅢 ムーミン谷の売店 ············ 84
🅢 ムーミンバレーパーク ········ 80
🅢 ムーミン屋敷 ················· 81
🅢 MAPLE BASE ················33

🅢 メッツァ ······················ 78
🅢 メッツァビレッジ ············· 79
🅢 紅葉屋本店 ··················· 94
🅢 もみの木 ···················· 48

や

🅢 八木観光農園 ················ 66
🅢 焼肉ホルモン ほうりゃい苑 ···· 29
🅢 安田屋 ······················ 55
🅢 安田屋 日野田店 ············· 25
🅢 谷津川館 ···················· 74
🅢 柳屋旅館 ···················· 54
🅢 八幡家 ······················ 45
🅢 八幡屋本店 ··················· 34
🅢 やまとーあーとみゅーじあむ ··· 19
🅢 有喜堂本店 工場店 ··········· 96
🅢 養浩亭 ······················ 75

ら

🅢 LAGOM ······················ 79
🅢 ラパンノワールくろうさぎ ····· 19
🅢 リトルミイのプレイスポット ··· 81
🅢 龍勢打ち上げ櫓 ·············· 36
🅢 両神温泉 薬師の湯 ··········· 71
🅢 レストラン東大門 ············· 54
🅢 レストランにぐるまやダイニング··· 32
🅢 レットゥラ ラウンジ ·········· 83
🅢 レンタサイクル ··············· 43
🅢 ロバーツコーヒー ············· 82

わ

🅢 WATAGE ····················· 23
🅢 和銅遺跡 ···················· 32
🅢 和銅鉱泉 ゆの宿和どう ······· 72
🅢 WAPLUS COFFEE ············ 23

🅢 みやげ店・ショップ　🅢 宿泊施設　🅢 温泉・立ち寄り湯

ココミル
cocomiru

秩父 長瀞
高尾山
関東❻

2022年6月15日初版印刷
2022年7月1日初版発行

編集人：田村知子
発行人：盛崎宏行
発行所：JTBパブリッシング
〒162-8446　東京都新宿区払方町25-5
https://jtbpublishing.co.jp/
編集：03-6888-7860
販売：03-6888-7893
編集・制作：情報メディア編集部
組版 凸版印刷
印刷所：凸版印刷
編集・取材：小川佳津／友田未那子
アトリエオップ（渡辺俊／秋田典子／河井ことみ）
佐川印刷

表紙デザイン、アートディレクション：APRIL FOOL Inc.
本文デザイン：APRIL FOOL Inc.／和泉真帆／ジェイヴイコミュニケーションズ
撮影・写真協力：アトリエオップ（渡辺俊）／グランツ
PIXTA／（一社）埼玉県物産観光協会／関係各施設・市町村観光課・観光協会
地図：ゼンリン／千秋社／ジェイ・マップ
イラスト…平澤まりこ

おでかけ情報満載　https://rurubu.jp/andmore/

223201　280350
ISBN978-4-533-14979-5 C2026
ⒸJTB Publishing 2022
無断転載禁止　Printed in Japan
2207

今度はどこへ
行こうかな♪

ココミル

秩父 長瀞
高尾山

付録 MAP

❖ 秩父 長瀞 高尾山 広域図　P2-3
❖ 秩父 長瀞 広域図　P4
❖ 秩父　P5
❖ 長瀞　P6
❖ 秩父 三峰 広域図　P7
❖ 三峰　P7

❖ 高尾山 広域図　P8
❖ 高尾山口駅周辺　P9
❖ 高尾山自然研究路 ハイキングマップ　P10-11
❖ 高尾山 季節の花図鑑　P12-13
❖ 旅するレストラン　P14
❖ 路線図　P15

どんなワクワク
待ってるかな…

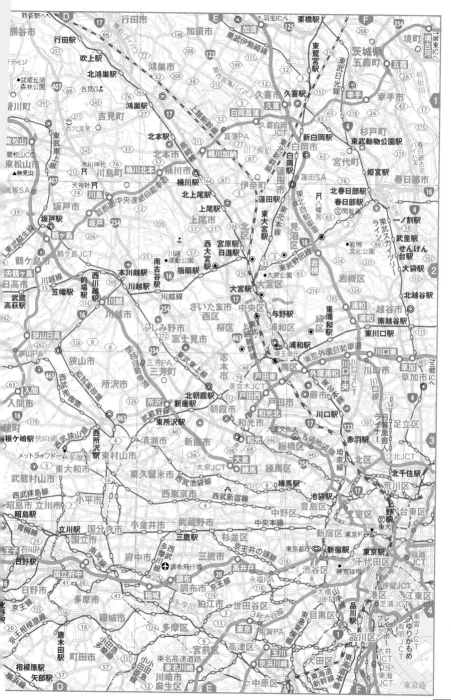

秩父・長瀞

0 1km

付録 **4**

秩父

0 150m

徒歩約2分 N

長瀞

0　　　300m
徒歩約4分

埼玉県
長瀞町

A　　　　　B　　　　　C

中野上
寄居へ
寄居駅へ

唐沢
万福寺卍
中野上

長瀞町役場
長瀞中

多宝寺卍

慶養寺卍

花湯別邸

フォレストサンズ長瀞 P.76

武野上神社
総持寺卍
本野上
野上駅
長瀞局

高砂橋

長瀞げんきプラザ

法善寺卍

末広稲荷神社

コメリ

P.48 ふくろや

真性寺卍
たけのこ保育園
金石水管橋

春日神社
井戸

長瀞 古沢園 P.48

長瀞第一小

秩父鉄道

ぶどう工房OIKOS P.67

長瀞オートキャンプ場 P.77

蓬莱島公園 P.43

千葉亭

P.48 お豆ふ処うめだ屋

白山神社
光安寺卍

秩父鉄道 長瀞ラインくだり本部
（受付）P.40

P.43 レンタサイクル

長瀞町観光案内所

P.45 茶店 八兵衛

豆の大沢屋 P.48

花のおもてなし 長生館 P.74

長瀞駅

P.45 ギャラリー喫茶やました

長瀞駅前

宝登山小動物公園

P.48 陶芸体験工房「一隅舎」ichigu-sha

宝登山
497▲

宝登山奥宮

P.46・58 寶登山神社

玉泉寺

P.42・61
岩畳

秩父鉄道
長瀞ラインくだり
（乗降所）P.40

大鳥屋

赤壁

宝登山臘梅園 P.46

ヤマブ寶登山売店

山頂レストハウス

山頂レストハウス

旧新井家
住宅

民宿やなぎや

長瀞町
郷土資料館

秩父館
丹一 P.48

長瀞玉淀自然公園

宝登山頂駅

宝登山
ロープウェイ P.47

宝登山
麓駅

P.45 八幡家

長瀞とガレ P.43

埼玉県立
自然の博物館 P.48

ミッションヒルズCC

P.48 もみの木

月の石もみじ公園 P.43

養浩亭 P.75

リバーパーク
上長瀞オートキャンプ場

上長瀞駅

P.44 阿左美冷蔵 金崎本店

アウトドアセンター
長瀞 P.41

皆野町

金崎神社

金崎

茶夢 P.43

長言寺卍

ウォーターパーク長瀞

荒川

親鼻橋

ライン下り舟乗場

親鼻橋

国神
国神

栗谷瀬橋

皆野中

親鼻駅

37

皆野中学入口

正観寺卍

皆野寄居有料道路

下田野トンネル

皆野高

国神

皆野小

ヤオコー

萬福寺卍

観光農園村

戦場

皆野長瀞

カワチ薬品

上野台

道の駅 みなの P.104

秩父駅へ

下原

美の山トンネル

秩父へ

皆野へ

横瀬町へ

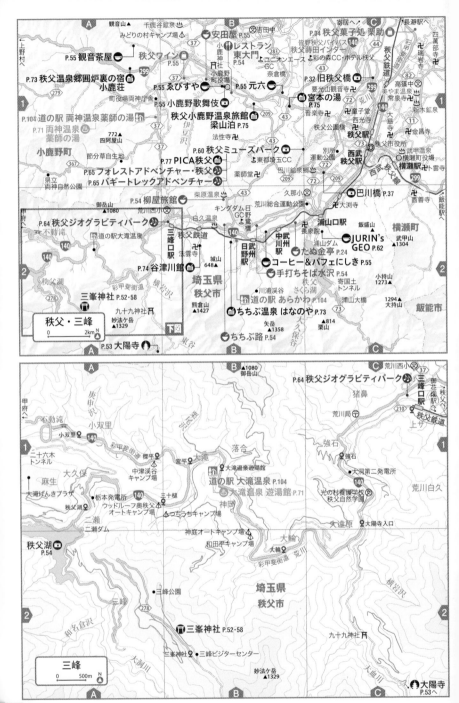

高尾山

0　　　　300m
徒歩約4分

N

八王子西ICへ↑

八王子ICへ↖

元八王子町

廿里町

中央自動車道

八王子JCT

中央本線

516

蛇滝口

荒井

摺差

裏高尾

日影

相模湖ICへ↙

駒木野　小仏関跡

高尾駒木野庭園

西浅川町

P.98 CAFE CHOU CHOU

高尾駅

金比羅台園地

189

P.103 Mt. TAKAO BASE CAMP

高尾町

高尾山口駅

山上駅

高尾山エコーリフト

山麓駅

P.99 SUMIKA TABLE

P.89・91 高尾山スミカ

蛇滝

P.88 高尾山ビアマウント

P.89 霞台

高尾山駅

ケーブルカー P.89・91

清滝駅

高尾599ミュージアム

付録P9

曙亭 P.88

お食事処
やまびこ茶屋 P.95

P.91 浄心門

十一丁目茶屋 P.95

込縄橋

大見晴亭 P.95

高尾山サル園
野草園

たこ杉 P.91

琵琶滝

浅川トンネル

P.89 みやま橋

女坂

仏舎利塔 P.91

男坂

首都圏中央連絡自動車道

大見晴園地 P.88

高尾山山頂 P.90

高尾山

599

高尾ビジターセンター P.90

高尾山薬王院 P.91・92

もみじ台へ↙

相模湖へ↙

梅の木平

春泉寺卍

20

甲州街道

山下

貴布祢神社

相模原八王子トンネル

大平

東京都
八王子市

相模原ICへ↓

相模原町

町田市

付録 8

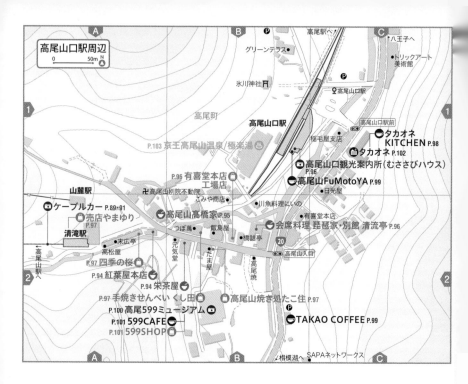

高尾山口駅周辺

0　　　　50m　N

A　B　C

↑八王子へ

●トリックアート美術館

高尾駅へ→

グリーンテラス●

氷川神社 ⊞

高尾町

高尾山口駅

P.103 京王高尾山温泉/極楽湯 ♨

♿高尾山口駅

栖毛屋支店

📷 タカオネ KITCHEN P.98

🏠 タカオネ P.102

●高尾山口観光案内所(むささびハウス)
P.96

📷 高尾山FuMotoYA P.99

山麓駅

P.96 有喜堂本店 工場店

卍高尾山別院不動院

●日光屋

ごみや商店

●川魚料理にいの

📷 ケーブルカー P.89・91

🏠 売店やまゆり P.97

📷 高尾山高橋家 P.95

🏠 会席料理 琵琶家・別館 清流亭 P.96

有喜堂本店
P.96

清滝駅

つぼ萬

末広亭

橋詰亭

高尾山へ
高尾山口駅へ

高松屋

飯島屋

たま屋

20

📷 高尾山入口

P.97 四季の桜

元気堂

高尾焼

P.94 紅葉屋本店

P.94 栄茶屋

P.97 手焼きせんべい くし田

●高尾山焼き処たこ住 P.97

P.100 高尾599ミュージアム

📷 TAKAO COFFEE P.99

P.101 599CAFE

P.101 599SHOP

●相模湖へ　SAPAネットワークス

相模湖へ

楽しい旅へ
出かけよう♪

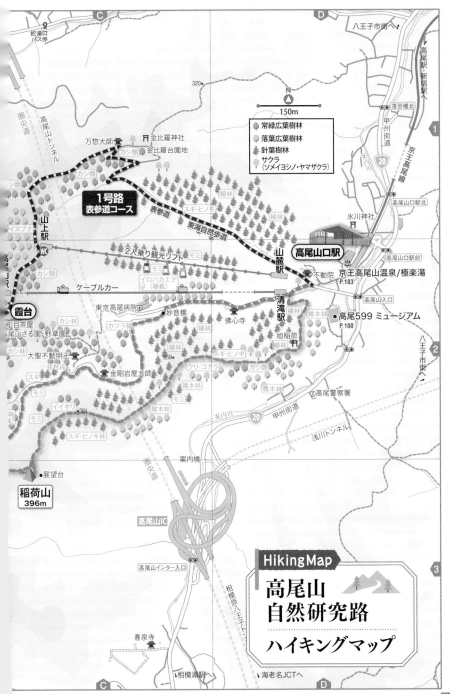

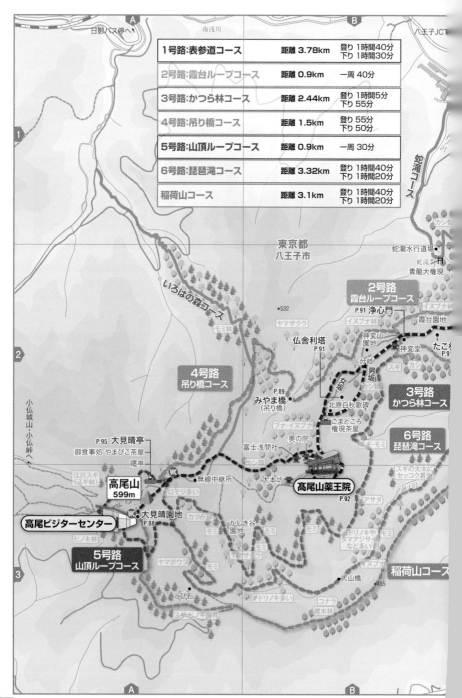

1号路:表参道コース	距離 3.78km	登り 1時間40分 下り 1時間30分
2号路:霞台ループコース	距離 0.9km	一周 40分
3号路:かつら林コース	距離 2.44km	登り 1時間5分 下り 55分
4号路:吊り橋コース	距離 1.5km	登り 55分 下り 50分
5号路:山頂ループコース	距離 0.9km	一周 30分
6号路:琵琶滝コース	距離 3.32km	登り 1時間40分 下り 1時間20分
稲荷山コース	距離 3.1km	登り 1時間40分 下り 1時間20分

A

B

日影バス停へ↗

南浅川

八王子JCT

1

蛇滝コース

東京都
八王子市

蛇滝水行道場・
蛇滝
青龍大権現

いろはの森コース

•532

ヤマザクラ

仏舎利塔
P.91

2号路
霞台ループコース

P.91 浄心門

イヌブナ林

霞台園地

神変山
園地

たこ杉
P.9

神変堂

分岐
男坂

スギ カシ

4号路
吊り橋コース

カシ類

3号路
かつら林コース

モミ林

2

P.89
みやま橋
(吊り橋)

北原白秋歌碑

ごまどころ
権現茶屋

6号路
琵琶滝コース

ブナ・イヌブナ林

奥の院

スギ・モミ

小仏城山・小仏峠へ↗

P.95 大見晴亭

御食事処 やまびこ茶屋

曙亭

富士浅間社

スギの大木に
セッコク着生

カシ類

大本坊

高尾山薬王院
P.92

江川スギ
(スギ林)

高尾山
599m

WC

無線中継所

ロモジ多い

アサダ

ヒノキ林

高尾ビジターセンター

WC 大見晴園地
P.88

カツラ林

ドリノキや
ヤマアジサイ
など多い

モミ

5号路
山頂ループコース

ヤマボウシ

かしき谷
園地

モミ

イヌブナ

イロハモミジ
サクラ

モミ

稲荷山コース

とび石

大山橋

•455

スギ・センリ桜林

チドリノキ多い

コナラ

雑木林

A

B

高尾山のすみれ

高尾山のハイキングコース一帯では、多種多彩なすみれが見られます。
高尾山で開花する代表的なすみれはこちらです。

アケボノスミレ

曙の空を連想させる紅紫色の大きな花を付ける。花はよい香りのするものも多い。

エイザンスミレ

葉が深く切れ込んだすみれとして知られている。花は淡い紅紫色から白色まで見られる。

コスミレ

淡い紫色の花を咲かせる。山麓の人家付近で見られることが多いが、林道沿いにも花を付ける。

サクラスミレ

紅紫色の大きな花を咲かせ、「すみれの女王」ともよばれている。桜の花びらに似ている。

スミレ

「スミレ」という名のすみれ。赤みがかった濃い紫の花で、日当たりのよい場所で咲き誇る。

タカオスミレ

ヒカゲスミレの品種で、高尾山で最初に見つかったことからこの名が付いた。

ナガバノアケボノスミレ

ナガバノスミレサイシンとアケボノスミレの雑種。花はピンクから白までさまざま。

ヒナスミレ

春早く咲き、淡い紅色の花びらの先の方が少し濃くなっている。可憐な表情が特徴。

マルバスミレ

丸い葉のすみれで花も丸みのある形をしている。白い花だが、花弁の裏が淡い紅色のものもある。

高尾山ハイキングに役立つ
季節の花図鑑

高尾山一帯ではハイキング途中にめでることのできる花々が豊富。
より楽しい山歩きにするために、高尾山で見られる花を勉強しておこう。

ハナネコノメ
3月中旬〜4月中旬

渓流沿いの岩場や湿地に咲く多年草。直径5mmほどの小さな花を2〜3個付ける。

見られる場所

1号路、6号路、蛇滝、裏高尾

ニリンソウ
4月上旬〜5月上旬

明るい林の中や沢沿いの草原に咲く。直径2cmの白い花は1本の茎に2個の花を付ける。

見られる場所

1号路、6号路、蛇滝、裏高尾など

イカリソウ
4月中旬〜5月上旬

山地や林の中に咲く多年草。花の形が船の錨に似ていることから名前が付いた。淡い紅紫色の花。

見られる場所

裏高尾

ヤマユリ
7月中旬〜8月上旬

山地、草原などに生える多年草。茎は高く伸び、直径22cmと大きな花が咲き強い香りが特徴。

見られる場所

1号路、稲荷山、裏高尾など

イワタバコ
7月下旬〜8月中旬

沢沿いの湿った岩場などに咲く。花は直径1.5cm〜2cmの星形で、淡い紅紫色。

見られる場所

6号路、蛇滝

ヤマホトトギス
8月中旬〜10月上旬

茎の先や葉の脇から花茎をのばし、上向きに咲く花。6枚の花びらが下に大きく反るのが特徴。

見られる場所

2号路、4号路、6号路、裏高尾

シモバシラ
9月上旬〜10月中旬

山あいの木陰などに生える多年草。茎の上部の脇から10cmの花穂を伸ばし、白い花を付ける。

見られる場所

1号路、5号路、稲荷山、裏高尾

センブリ
10月中旬〜11月中旬

尾根筋の乾燥した草地に咲く越年草。直径1.5cmの花びらは5つに裂け星形になっている。

見られる場所

5号路、裏高尾

リンドウ
10月中旬〜11月中旬

茎の先や葉の脇から花茎をのばし、上向きに咲く花。6枚の花びらが下に大きく反るのが特徴。

見られる場所

裏高尾

西武 旅するレストラン
「52席の至福」で秩父へ

西武鉄道が運行する「52席の至福」は、おいしい食事を楽しめる観光電車。
車両の外装、内装、車内メロディーまで秩父をモチーフにしておもてなしします。

秩父の四季と豊かな自然が描かれている車両が山あいを走る

52席の至福って？

池袋駅～西武秩父駅、西武新宿駅～西武秩父駅の間を、土曜、休日を中心に年間100日程度の運行をしている。4両編成の車両は趣向を凝らした客席の2両をはじめ、キッチン車両、多目的車両を完備。一部に地元木材などを使用した内装は、建築家の隈研吾氏が担当。くつろぎの車内空間で、ゆったりと食事が楽しめる。
☎04-2996-2888(西武鉄道お客さまセンター)

▲秩父の自然をトランプの柄に見立てたロゴデザイン

さまざまな料理が登場

車内で味わえる食事は、有名店のシェフが監修したコース料理で、3カ月ごとの季節替わり。内容は公式ホームページで確認して予約しよう。また、地元のゆるキャラ「ポテくまくん」とコラボしたニコニコトレインの運行など、多彩な企画を行なっている。

※料理はイメージ

▲2号車の天井は柿渋和紙を使用している

▲4号車は西川材を使いゆるやかな曲線の格子天井

▲3号車の厨房車両はオープンキッチンのスタイル

▲有名シェフが監修した料理が提供される

◀車窓の景色を楽しみながら食事ができる観光電車

ブランチコース 料金：1万円
運行：池袋駅11時2分発→西武秩父駅13時57分着
西武新宿駅10時40分発→西武秩父駅13時57分着

ディナーコース 料金：1万5000円
運行：西武秩父駅16時12分発→池袋駅18時22分着
①西武秩父駅16時12分発→西武新宿駅18時34分着
②西武秩父駅17時16分発→西武新宿駅19時34分着
(運行時間は季節により変動あり)

秩父・長瀞・高尾山アクセス 早見マップ

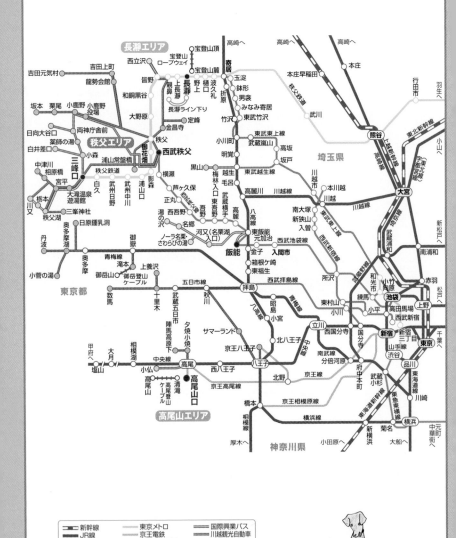